REZESSIONEN SIND DIE ZEIT, IN DER MILLIONÄRE UND MILLIARDÄRE GESCHAFFEN WERDEN.

REZESSIONEN SIND DIE ZEIT, IN DER MILLIONÄRE UND MILLIARDÄRE GESCHAFFEN WERDEN.

von: D.K. Hawkins
Version 1.1 ~Dezember 2022
Veröffentlicht von D.K. Hawkins bei KDP
Copyright ©2022 von D.K. Hawkins. Alle Rechte vorbehalten.

Kein Teil dieser Veröffentlichung darf ohne vorherige schriftliche Genehmigung der Herausgeber in irgendeiner Form oder mit irgendwelchen Mitteln, einschließlich Fotokopien, Aufzeichnungen oder anderen elektronischen oder mechanischen Methoden oder mit Hilfe eines Informationsspeicher- oder -abrufsystems, vervielfältigt, verbreitet oder übertragen werden, mit Ausnahme von sehr kurzen Zitaten in kritischen Rezensionen und bestimmten anderen nichtkommerziellen Verwendungen, die nach dem Urheberrecht zulässig sind.

Alle Rechte vorbehalten, einschließlich des Rechts auf vollständige oder teilweise Vervielfältigung in jeder Form.

Alle Angaben in diesem Buch wurden sorgfältig recherchiert und auf ihre sachliche Richtigkeit überprüft. Der Autor und der Herausgeber übernehmen jedoch keine Garantie, weder ausdrücklich noch stillschweigend, dass die hierin enthaltenen Informationen für jede Person, jede Situation oder jeden Zweck geeignet sind, und übernehmen keine Verantwortung für Fehler oder Auslassungen.

Der Leser übernimmt das Risiko und die volle Verantwortung für alle Handlungen. Der Autor kann nicht für Verluste oder Schäden verantwortlich gemacht werden, die sich aus den in diesem Buch enthaltenen Informationen ergeben, seien es Folgeschäden, zufällige Schäden, besondere Schäden oder sonstige Schäden.

Alle Bilder sind frei verwendbar oder von Stockfoto-Websites erworben oder lizenzfrei für die kommerzielle Nutzung. Ich habe mich bei der Erstellung dieses Buches auf meine eigenen Beobachtungen sowie auf viele verschiedene Quellen gestützt, und ich habe mein Bestes getan, um Fakten zu überprüfen und Quellenangaben zu machen, wo sie angebracht sind. Sollte Material ohne entsprechende Erlaubnis verwendet worden sein, kontaktieren Sie mich bitte, damit das Versehen korrigiert werden kann.

Die in diesem Buch enthaltenen Informationen dienen nur zu Informationszwecken und sind nicht als Quelle für Ratschläge oder Kreditanalysen in Bezug auf das dargestellte Material gedacht. Die in diesem Buch enthaltenen Informationen und/oder Dokumente stellen keine Rechts- oder Finanzberatung dar und sollten niemals ohne vorherige Rücksprache mit einem Finanzfachmann verwendet werden, um festzustellen, was für Ihre individuellen Bedürfnisse am besten geeignet ist.

Der Herausgeber und der Autor geben keine Garantie oder andere Versprechen hinsichtlich der Ergebnisse, die durch die Verwendung des Inhalts dieses Buches erzielt werden können. Sie sollten niemals eine Investitionsentscheidung treffen, ohne vorher Ihren eigenen Finanzberater zu konsultieren und Ihre eigenen Nachforschungen und Sorgfaltsprüfungen durchzuführen. Soweit gesetzlich zulässig, lehnen der Herausgeber und der Autor jegliche Haftung für den Fall ab, dass sich die in diesem Buch enthaltenen Informationen, Kommentare, Analysen, Meinungen, Ratschläge und/oder Empfehlungen als ungenau, unvollständig oder unzuverlässig erweisen oder zu Investitions- oder anderen Verlusten führen.

Der in diesem Buch enthaltene oder zur Verfügung gestellte Inhalt stellt keine Rechts- oder Anlageberatung dar, und es wird keine Beziehung zwischen Anwalt und Mandant begründet. Der Herausgeber und der Autor stellen dieses Buch und seinen Inhalt auf einer "wie besehen"-Basis zur Verfügung. Die Nutzung der Informationen in diesem Buch erfolgt auf eigene Gefahr.

INHALTSVERZEICHNIS.

INHALTSVERZEICHNIS. 3

EINFÜHRUNG. 5

KAPITEL 1: WIE BEREITET MAN SICH AUF EINE REZESSION VOR? 8

KAPITEL 2: WIE MAN DIE HINDERNISSE ÜBERWINDET. 17

KAPITEL 3: UMSATZWACHSTUM WÄHREND EINER REZESSION. 32

KAPITEL 4: MARKETING WÄHREND EINER WIRTSCHAFTLICHEN REZESSION. 45

KAPITEL 5: IHRE IDENTITÄT WÄHREND DER REZESSION AUFBAUEN. 59

KAPITEL 6: WIE SIE IHR UNTERNEHMEN WÄHREND EINER REZESSION AUSBAUEN KÖNNEN. 63

KAPITEL 7: WIE SIE AUFHÖREN, SICH SORGEN ZU MACHEN, UND IHRE AUFMERKSAMKEIT AUF DAS WACHSTUM IHRES UNTERNEHMENS LENKEN KÖNNEN! 68

KAPITEL 8: EHER AKTIV ALS PROAKTIV SEIN. 75

KAPITEL 9: STRATEGIEN ZUR UNTERNEHMENSSTABILISIERUNG WÄHREND EINER REZESSION. 83

KAPITEL 10: WIE GROSSARTIGE UNTERNEHMEN AUCH IN SCHWIERIGEN ZEITEN FLORIEREN KÖNNEN. 91

KAPITEL 11: IHR GESCHÄFT UNABHÄNGIG VON DEN MARKTBEDINGUNGEN AUSBAUEN. 104

KAPITEL 12: KONZENTRATION AUF INNOVATION, NICHT AUF REZESSION. 111

KAPITEL 13: STRATEGIEN ZUR STEIGERUNG DES ABSATZES WÄHREND EINER REZESSION.. 119

SCHLUSSFOLGERUNG. 124

EINFÜHRUNG.

Wir alle kennen die negativen Auswirkungen einer Rezession, einschließlich Arbeitslosigkeit, Inflation und vielem mehr, aber glauben Sie mir, es gibt auch etwas Gutes zu entdecken. In diesem Buch beschreibe ich die Vorteile des derzeitigen wirtschaftlichen Abschwungs und wie Sie innerhalb des nächsten Monats ein Vermögen verdienen können.

Ich beginne diesen Beitrag mit ein paar Fakten. Während der Großen Depression wurden mehr Millionäre geschaffen als zu irgendeiner anderen Zeit. Ja, in einer der schlimmsten Perioden der US-Geschichte wurden mehr Millionäre geschaffen als in allen anderen Epochen zusammen. Man kann fragen, warum das so ist, und die Antwort ist ganz einfach.

Notwendigkeit! Es ist kein unerklärliches Phänomen, dass der einfachste Weg zum Millionär darin besteht, das zu liefern, was andere wünschen.

Der Direktvertrieb ist lediglich ein Nebenprodukt des wirtschaftlichen Abschwungs.

Der Direktvertrieb ist der vernünftigste Weg zur finanziellen Unabhängigkeit. Das Internet steht im Zusammenhang damit, wie die Technologie den Direktvertrieb verändert. Der Internet-Lebensstil ist in der Tat erstrebenswert, aber es gibt viele Voraussetzungen für den Erfolg.

Sie müssen sich für das, was Sie tun, engagieren, sonst werden Sie nie das Leben erreichen, das Sie sich wünschen. Gemäß dem Sprichwort "Du solltest dein Ego an deinem Finanzkonto messen" ist deine Meinung wertlos, wenn jemand das hat, was du dir wünschst. Unterwerfen Sie sich daher dem Allgemeinwohl.

Es gibt viel mehr Vorteile der wirtschaftlichen Rezession, als es zunächst den Anschein hat, aber Sie brauchen eine Strategie, um Ihre Ziele zu erreichen. Wenn Sie irgendwann Ihre Arbeit aufgeben, Ihren Chef feuern oder einfach nur Urlaub machen und mehr Zeit mit Ihrer Familie verbringen wollen, haben

Sie bereits den Wunsch dazu. Gehen Sie deshalb die in diesem BUCH besprochenen Schritte. Viel Spaß beim Lesen.

KAPITEL 1: WIE BEREITET MAN SICH AUF EINE REZESSION VOR?

Was genau ist eine Rezession?

In wirtschaftlicher Hinsicht bedeutet dies, dass die Wirtschaft seit mindestens zwei aufeinander folgenden Quartalen schrumpft. Die Unternehmen stellen weniger Sean-John-Jeans und Cadillac-Escalade-Trucks her, weil die amerikanischen Verbraucher, auf die etwa 70 % der gesamten Wirtschaftstätigkeit entfallen, weniger Geld ausgeben als noch vor sechs Monaten.

Da die Verbraucher ihre Ausgaben weiter einschränken, schränken die Unternehmen die Produktion ihrer Waren und Dienstleistungen ein und beginnen, Mitarbeiter zu entlassen, um ihre Ausgaben zu senken und ihre Gewinne zu halten. Da die wirtschaftlichen Aussichten düster sind, sind die Anleger nicht mehr sicher, dass die Unternehmen in der Lage sein werden, ihre Gewinne durch den Verkauf von mehr Produkten zu steigern, was zu einem Rückgang der Aktienwerte von Großunternehmen führt.

Wenn das Vertrauen der Anleger schwindet, beginnen sie, ihre Aktien zu verkaufen, um künftige Verluste abzuwenden. Um Verluste aufgrund von Subprime-Hypotheken zu vermeiden, begannen viele Anleger umgehend mit dem Verkauf ihrer Aktien, was zu einem raschen Wertverlust am Aktienmarkt führte.

Was können Sie tun, um Ihre Finanzen zu sichern?

Werden Sie Teilzeit-Unternehmerin oder Teilzeit-Unternehmer.

Ich rate den Menschen, sich Gedanken darüber zu machen, wie sie ihr Einkommen erhöhen können, denn wenn die Rezession vorbei ist und sich alles wieder normalisiert hat, werden Sie immer noch über diese Einkommensquelle verfügen und sich in einer besseren finanziellen Lage befinden.

Noch wichtiger ist, dass Sie entdecken, wie Sie "rezessionssicher" werden, indem Sie viele Einkommensquellen schaffen! Es ist an der Zeit, Ihre Leidenschaft oder Ihren Zeitvertreib zu identifizieren und erfinderische Wege zu finden, um mit etwas Geld zu verdienen, das Ihnen Spaß macht!

Wenn Sie kein großes Kapital zum Investieren haben, leihen Sie sich Geld und finden Sie ein günstiges Produkt, das Sie am Wochenende verkaufen können, um Ihr "9-to-5"-Einkommen aufzubessern. Sie können z. B. aushandeln, dass Sie das gesamte Inventar eines örtlichen Flohmarkts mit einem Preisnachlass erwerben, es dann mit Gewinn auf einem örtlichen Flohmarkt weiterverkaufen und den Vorgang wiederholen. Sie würden über die finanziellen Ergebnisse erstaunt sein.

Wenn sich die Wirtschaft verschlechtert, senkt die Zentralbank die kurzfristigen Zinssätze (z. B. für Kreditkarten und Autokredite), um die Menschen zu ermutigen, Kredite aufzunehmen und Geld auszugeben, um die Wirtschaft wieder anzukurbeln. Da die Zinssätze weiter sinken, ist jetzt ein hervorragender Zeitpunkt, um Geld für die Gründung eines Unternehmens zu leihen.

Ich habe Kreditkarten benutzt, um mein "Wochenendgeschäft" (Kleiderverkauf) im College zu finanzieren. Bevor die Zinsen fällig wurden, zahlte ich den Saldo ab und investierte die Einnahmen, bis ich genügend Geld hatte und nicht mehr auf die Kreditkarte angewiesen war. Viele Kreditkartenunternehmen bieten jetzt 0 % Zinsen an, was kostenloses Geld zum Investieren ist; dennoch ist es ratsam, das Kleingedruckte zu lesen und zu wissen, wann das Angebot ausläuft.

Sparen, Sparen, Sparen!

Ich weiß, dass nicht jeder das Temperament oder die Risikobereitschaft hat, Unternehmer zu werden. Was werden Sie also tun, wenn Sie kein Kleinunternehmer sind, sondern ein Angestellter von 9 bis 5? Wenn Sie kein Unternehmen sein können,

können Sie zumindest lernen, wie ein solches zu denken - senken Sie Ihre Ausgaben!

Prüfen Sie alle Ihre Ausgaben und schauen Sie, wo Sie Geld sparen können. Versuchen Sie, mit Ihren Dienstleistern zu verhandeln, z. B. mit Ihrem Friseur, Ihrem Friseur, Ihrer Reinigung und, wenn möglich, mit Ihrem Vermieter. Nach Abschluss des Studiums habe ich alles ausgetauscht.

Zuerst stellte ich fest, was die betreffende Person mochte oder wünschte, dann fand ich es billiger, als sie bezahlte, und bot ihr an, meine Dienste zu tauschen. Durch den Tausch von Lebensmitteln, Miete, Reinigung und anderen Dienstleistungen habe ich Hunderte von Dollar pro Monat gespart.

Schulden refinanzieren.

Die Refinanzierung Ihrer Schulden ist eine weitere Möglichkeit, in diesem Jahr von den niedrigeren Zinssätzen zu profitieren. Bei der Refinanzierung eines Kredits zahlt die Bank oder das Finanzinstitut Ihrer Wahl Ihren aktuellen Kredit vollständig ab und schließt mit Ihnen einen neuen Kreditvertrag zu einem niedrigeren Zinssatz ab. Wenn Sie eine Hypothek, einen Autokredit oder Kreditkartenschulden haben, sollten Sie eine Refinanzierung zu einem niedrigeren festen Zinssatz in Betracht ziehen.

Wenn Sie beispielsweise einen Autokredit in Höhe von 25.000 USD mit einem Zinssatz von 8,5 % haben, wird Ihre neue refinanzierende Bank Ihren alten Kredit ablösen, indem sie einen Scheck an Ihre alte Bank schickt und Ihnen einen neuen Kredit in Höhe von 25.000 USD mit einem Zinssatz von 6 % ausstellt, wodurch sich die Gesamtkosten für das Fahrzeug und Ihre monatlichen Zahlungen wahrscheinlich verringern.

Sie sollten mit Ihrem Kreditkartenunternehmen feilschen, um Ihren Zinssatz zu senken. Wenn Sie mehr als den Mindestbetrag gezahlt haben und mit Ihren monatlichen Zahlungen nicht im Rückstand sind, wird man Ihnen wahrscheinlich den Zinssatz senken.

Außerdem sollten Sie sich in Zukunft alle sechs Monate an Ihren Kreditkartenaussteller wenden und um einen niedrigeren Zinssatz sowie einen höheren Kreditrahmen bitten, um Geld zu sparen und Ihre Kreditwürdigkeit zu verbessern.

Beginn der Investition.

Wann ist der perfekte Zeitpunkt, um direkt oder über eine 401(k) oder Roth IRA in den Aktienmarkt zu investieren? Gestern! Das Ziel ist es, schnell zu investieren, denn die Zeit ist zu Ihren Gunsten. In den Nachrichten heißt es, der Aktienmarkt entwickle sich schlecht, und jeder verliere Geld. Die finanzielle Realität sieht jedoch so aus, dass Investitionen in den Aktienmarkt langfristig Wohlstand schaffen.

Vor ein paar Monaten rief mich mein Onkel an und rief: "Der Markt fällt, und ich verliere Tausende von Dollar. Was empfehlen Sie mir zu tun?" Ich wies ihn nur an, weitere Aktien zu kaufen. Und warum? Weil man langfristig in die amerikanische Wirtschaft investiert, oft zwischen 10 und 30 Jahren, und man bis dahin finanziell abgesichert sein sollte.

Mein Onkel vergaß auch, dass er bis zu diesem Jahr Tausende von Dollar verdient hatte. Der Markt ist gerade dabei, alle Fehlinvestitionen aus der Subprime-Hypothekenkrise auszusortieren und wird sich schließlich wieder normalisieren, so dass er noch mehr Geld verdienen kann.

Wenn er jetzt aufhören würde zu investieren, würde er sich künftige Erträge aus einem unterbewerteten Aktienmarkt entgehen lassen. In zehn bis zwanzig Jahren wird der Wert des Aktienmarktes viel höher sein als im Jahr 2008.

Sie müssen verstehen, dass der Aktienmarkt und die amerikanische Wirtschaft finanzielle Höhen und Tiefen erleben werden. Dennoch werden wir als größte Volkswirtschaft der Welt auch weiterhin mehr finanzielle Höhen als Tiefen erleben. Sie müssen in diesem Spiel des Kapitalismus aktiv sein, um von dem anhaltenden wirtschaftlichen Fortschritt zu profitieren.

Denken Sie daran, dass Menschen mit einer wohlhabenden Einstellung keine Zeit und Energie damit verschwenden, über die Gaspreise zu jammern; stattdessen investieren sie in Ölaktien, so dass sie bei steigenden Gaspreisen weiterhin davon profitieren.

Sie sind steuerlich vorbereitet, weil sie dazu gedrängt wurden, viele Strategien in Betracht zu ziehen, um mehrere Einkommensströme zu erzielen. Menschen mit einer wohlhabenden Einstellung haben keine Angst vor Rezessionen, da sie finanziell gebildet sind und Geldchancen wahrnehmen können, wo andere nur finanzielle Verwüstungen sehen.

KAPITEL 2: WIE MAN DIE HINDERNISSE ÜBERWINDET.

Wie geht es Ihnen in dieser Rezession, die bereits viele Unglückliche in die Arbeitslosigkeit getrieben hat? Haben Sie jeden Monat genug Geld, um alle Zahlungen zu leisten, und haben Sie noch viel übrig, um es mit Ihrer Familie zu verbringen? Oder müssen Sie den Gürtel enger schnallen, um es bis zum nächsten Gehaltsscheck zu schaffen? Mit anderen Worten: Haben Sie ständig mehr Monate als Geld?

Hätten Sie lieber eine einfache Lösung, die dies bald unmöglich macht? Dann lesen Sie weiter, denn ich werde Ihnen genau zeigen, wie Sie das ab heute erreichen können. Aber lassen Sie mich zunächst erklären, wer Ihnen dieses kostenlose Papier zur Verfügung stellt und warum.

Wenn Sie nicht bereits extrem wohlhabend sind, nicht der CEO eines Fortune 500-Unternehmens sind oder sich damit zufrieden geben, arm zu bleiben, müssen Sie diese KOSTENLOSE Studie lesen. Es wird eine kleine finanzielle Investition Ihrerseits erfordern, aber die Ergebnisse, die Sie erzielen werden, nachdem Sie den Schritt-für-Schritt-Aktionsplan, den wir auf dieser Seite skizzieren werden, umgesetzt haben, werden zeigen, dass das Geld gut angelegt war.

Eine der einfachsten Möglichkeiten, in Ihrer Freizeit ein Heimunternehmen zu gründen, während Sie weiterhin für jemand anderen arbeiten, bis dies die ganze Woche, Monat für Monat, Jahr für Jahr für ein mittelmäßiges Einkommen überflüssig macht, ist festzustellen, was die Leute am meisten kaufen. Was sind die heißesten Dinge, nach denen die Verbraucher heute schreien?

Es wird immer eine Nachfrage nach Produkten geben, für die Sie von den Anbietern eine Provision erhalten könnten, um ihnen zu helfen, mehr zu verkaufen. Die besten Produkte für den Anfang sind jedoch die oben genannten, bei denen Sie nur einen

Link auf Ihrer Website zu deren Website als Affiliate einbinden müssen, d. h. als Vermittler, der als Bindeglied zwischen dem Verkäufer und dem Käufer fungiert.

Es mag Millionen von Partnern von Hunderttausenden von Unternehmen geben, die die Produkte anderer Leute vermarkten, aber die traurige Wahrheit ist, dass nur ein kleiner Teil von ihnen seinen Lebensunterhalt verdienen kann, da sie nicht wissen, wie man erfolgreich ist.

Die Anmeldung als Partner und die Werbung für ein Produkt oder eine Reihe von Produkten ist kostenlos oder sollte kostenlos sein. In der Regel erhalten Sie auch Ihre Website und Ihre Partner-ID, während alle anderen dieselbe Seite erhalten, die oft eine Kopie der Website des Unternehmens ist. Dadurch stehen Sie in direktem Wettbewerb mit dem Unternehmen und werden nie allein mit dieser Website Geld verdienen.

Sie erhalten nur dann eine Vergütung, wenn jemand bei Ihnen kauft. Die meisten Verbraucher kaufen direkt auf der Hauptwebsite des Unternehmens, weil dieses ein Vermögen ausgeben kann, um viele Kaufinteressenten auf seine Website zu locken.

Sie brauchen eine eigene Website, die Ihre Kaufinteressenten auf die Hauptwebsite weiterleitet, wo sie die Zahlung entgegennehmen, dem Kunden das Produkt zusenden und Ihnen per E-Mail mitteilen, dass Sie einen Verkauf getätigt haben. Sie werden alle zwei Wochen, monatlich oder immer dann, wenn der Betrag einen bestimmten Schwellenwert überschreitet, bezahlt.

Es wäre sehr teuer, Schecks für Zahlungen von nur 3 $ zu verschicken, obwohl die meisten Affiliate-Zahlungen, insbesondere bei erfolgreichen Affiliates, höher ausfallen.

Wenn der Artikel für 100 $ verkauft wird, erhalten Sie 50 $ per Scheck, direkter Überweisung oder PayPal, was einige Unternehmen verlangen.

Die Anmeldung für ein PayPal-Konto ist kostenlos, ebenso wie die Eröffnung eines Click Bank-Kontos, wo Sie zahlreiche gefragte Produkte finden, mit denen Sie als Partner bis zu 75 % des Verkaufspreises pro Verkauf verdienen können, auch wenn Sie verkaufen müssen, um überhaupt Geld zu verdienen.

Wenn ich "verkaufen" sage, meine ich damit, dass die Botschaften auf Ihrer Website Nachfrage erzeugen, während die Hauptwebsite Ihres Unternehmens das Geschäft abschließt. Andernfalls müssen Sie eine Ewigkeit warten.

Auf diese Weise können so genannte Super-Affiliates astronomische Summen verdienen, während der Rest nichts bekommt. Sie locken eifrige Besucher auf ihre Website, erfassen ihre E-Mail-Adressen und Namen, leiten sie auf die Hauptwebsite des Unternehmens weiter und bauen eine Beziehung zu ihnen auf.

Warum sollten die Leute Ihnen vertrauen? Praktisch niemand wird bei seinem ersten Besuch bei

Ihnen kaufen, vor allem, wenn er Sie nicht kennt. Daher kann es sein, dass sie erst nach zahlreichen E-Mails mit hilfreichen kostenlosen Ratschlägen bereit sind, Ihnen zu vertrauen und die von Ihnen vorgeschlagenen Waren zu kaufen.

Außerdem: Warum sollten Sie mir das glauben? Da ich Sie keinen Cent koste, brauchen Sie, wenn Sie das, was ich sage, für wertlos halten, nur diese Nachricht zu löschen; Sie würden jedoch den größtmöglichen Fehler begehen, wenn Sie dies täten, ohne weiterzulesen.

Die meisten so genannten Gurus wollen, dass Sie sie im Voraus bezahlen, um etwas zu lernen, ohne zu wissen, ob das, was sie sagen, wahr ist oder ob Sie mit den Informationen, die sie anbieten, Geld verdienen werden.

Ich wünschte, ich hätte einen Pfennig für jede Website oder E-Mail mit der Überschrift "Sie können in 15 Tagen 30.000 Dollar verdienen", als ob ein Anfänger das tun könnte. Ja, Schweine, die schnell genug rennen können, können auch fliegen lernen.

Jemand, der sein Internetgeschäft seit ein oder zwei Jahren erfolgreich betreibt und Hunderte oder Tausende von identischen Produkten an seine treuen Kunden verkauft hat, kann dieses Geld verdienen und manchmal sogar noch viel mehr. Wenn Sie jedoch ein Anfänger sind, können Sie nur wünschen.

Aber genug davon; kommen wir nun dazu, wie und warum Sie damit anfangen sollten. Warum sollten Menschen, die nicht schlauer sind als Sie, das Zehnfache oder mehr Geld pro Tag verdienen als Sie, während Sie sich vier bis sechs Wochen oder länger zu Tode arbeiten, ist eine Frage, die ich leicht beantworten kann.

Es ist eine Tatsache, dass einige Schüler, die in der Schule keine guten Noten hatten, heute Multimillionäre sind, während diejenigen, die hervorragende Leistungen erbracht haben, für einen Hungerlohn die Straße fegen. Reichtum wird nicht mehr mit Intelligenz, Intelligenz oder Übermenschlichkeit in Verbindung gebracht. Dank der Macht des Internets verdienen ganz normale

Menschen oft Millionen und genießen einen üppigen Lebensstil mit viel Freizeit.

Viele Menschen glauben, dass mehr Geld schlecht oder falsch ist, aber sie verstehen nicht, warum jeder versuchen sollte, ein großes Vermögen anzuhäufen. Wenn Sie reich sind, können Sie viele gute Zwecke und die Bedürftigsten unterstützen. Wenn man jedoch arm ist, kann man sich nicht einmal selbst helfen.

Ich war schon einmal arm und habe es gehasst, deshalb versuche ich jetzt, reich zu werden, damit ich anderen helfen kann, anstatt mein ganzes Geld für teure Villen, Autos, Urlaube, Schmuck und Uhren auszugeben. Wenn ich viel Geld übrig hätte, würde ich mich schlecht fühlen, wenn ich nicht auch spenden würde, um anderen zu helfen, die in Not sind.

Folglich geben 85 Prozent derjenigen, die in der Nationalen Lotterie im Vereinigten Königreich Millionen gewinnen, in der Regel innerhalb weniger Jahre jeden Cent aus und sind am Ende ärmer als zuvor. Sie verschwenden ihr ganzes Geld für

Vergnügungen, die sie sich nicht leisten können, ohne in etwas zu investieren, das einen stetigen Einkommensfluss gewährleistet.

Wenn sie ihren Reichtum erhalten, bekommen sie viele hilfreiche Ratschläge, aber sie sind gierig und weigern sich, darauf zu hören. Andererseits bleiben Menschen, die durch ihr Unternehmen wohlhabend werden, fast immer wohlhabend, weil sie gelernt haben, wie man Geld schafft, und motiviert sind, mehr zu verdienen, um ihr Vermögen zu erhalten.

Selbst wenn ihr Unternehmen in schwierigen Zeiten scheitert, starten sie oft neu und werden wieder wohlhabend, weil sie wissen, was zu tun ist und aus ihren Erfahrungen lernen.

Lassen Sie uns also anfangen, Unternehmer zu werden und uns von den Ketten der Lohnsklavenabhängigkeit zu befreien, die Sie daran gehindert haben, Ihr Geburtsrecht, einen angemessenen Lebensstandard, zu erreichen.

Was ist die schrittweise Strategie, die wir anwenden? Ich werde es Ihnen sofort sagen.

STEP 1.

Finden Sie heraus, was Sie am meisten interessiert, denn etwas zu tun, das Ihnen Spaß macht, motiviert Sie eher zur Arbeit als ein Job, den Sie nur des Geldes wegen machen.

Prüfen Sie, ob viele Menschen auf der Suche nach Informationen oder einer Lösung für ein Problem sind, das Ihrer Leidenschaft oder Ihrem Fachwissen ähnelt.

Können Sie das, was sie brauchen, ausfindig machen und anbieten?

Wie viele andere Websites erfüllen diese Funktion bereits, und können Sie sie besser erfüllen?

Sind die Suchenden bereit, für Antworten zu bezahlen? Wenn andere Websites konkurrieren, muss es eine Möglichkeit geben, Einnahmen zu erzielen.

Angenommen, es gibt zu viele Websites, dann ist es vielleicht besser, einen anderen hungrigen, wissbegierigen Markt zu finden, den man bedienen kann, oder ein Partner der umsatzstärksten Website zu werden, wenn diese eine Seite für die Anmeldung von Partnern hat.

Sobald Sie einen kleinen Teil der Konkurrenz ausgemacht haben, ermitteln Sie, wie viele Personen jeden Monat online nach diesen Informationen suchen.

Sie müssen eine Nische in diesem Markt finden, in der nur wenige Personen Informationen anbieten oder diese nicht angemessen anbieten.

Nehmen wir an, Sie spielen gerne Golf. Wenn Sie bei Google "Golf" eingeben, erhalten Sie über eine Million unbrauchbare Ergebnisse, weil Hunderte von Websites Golfausrüstung verkaufen, Golfplätze bewerben und Golfunterricht anbieten. Sie müssen also ein Marktsegment mit deutlich weniger

Konkurrenz finden, um Ihre Chancen zu erhöhen, Geld zu verdienen.

Wenn Sie versuchen, "Ihren Golf-Slice zu reparieren", werden sich Ihre Zahlen verbessern, aber Sie müssen dieser wichtigen Recherche viel Zeit widmen, sonst werden Sie Ihre Arbeit nicht so schnell aufgeben können.

Eine Nische ist ein hochspezialisiertes Marktsegment; wenn Sie sich spezialisieren, haben Sie viel bessere Chancen, Ihr erstes Unternehmen zu gründen. Sobald Sie eine wahrscheinliche Gruppe von Menschen identifiziert haben, die Antworten suchen, aber Schwierigkeiten haben, sie zu finden, können Sie ihnen das geben, was sie brauchen, indem Sie weitere Internet-Recherchen durchführen.

Es gibt viele Kategorien auf Click Bank, in denen Sie herausfinden können, was andere kaufen. Amazon und eBay sind ebenfalls ausgezeichnete Quellen. Vergessen Sie nicht, die Anzahl der Google-Suchen nach Schlüsselbegriffen zu ermitteln. Die Liste der golfbezogenen Phrasen umfasst "Golfbücher, Golf, wie man Golf spielt, wie man wie ein Profi spielt", usw.

Nachdem Sie sich entschieden haben, worauf Sie Ihr erstes Geschäft aufbauen wollen, suchen Sie jemanden, der einen Partnerlink auf seiner Website hat, melden Sie sich an und entwickeln Sie Ihre Website mit einer Zusammenfassung der Vorteile des Produkts, das Sie kaufen und selbst verwenden sollten. Dann können Sie ein Buch verfassen, in dem Sie beschreiben, wie sich Ihr Leben seit dem Kauf des Produkts erheblich verbessert hat.

Machen Sie es so verlockend wie möglich, damit jeder, der es liest, es haben will, aber nur, wenn das, was Sie sagen, wahr ist. Wenn Sie versuchen, etwas vorzutäuschen, wird man Ihnen auf die Schliche kommen, und Sie werden kein Geld verdienen, also konzentrieren Sie sich auf die Vorteile und nicht auf die Funktionen und kaufen Sie nur das, was Sie wirklich brauchen.

Das Sechsgang-Automatikgetriebe eines Fahrzeugs ist irrelevant. Es ist vorteilhaft, den

Kunden mitzuteilen, dass die Schaltvorgänge so leichtgängig sind, dass man sie kaum bemerkt. Niemand ist begeistert von Ledersitzen, aber es ist ein Pluspunkt, wenn Sie sagen, dass Sie 350 Meilen gefahren sind und wie ein Gänseblümchen duften.

Die Vorteile, nicht die Merkmale, motivieren die Verbraucher, Ihr Angebot anzunehmen. Es ist ein Fall von "was ist für mich drin", denn niemand wird sich dafür interessieren, ob Sie das Geld brauchen, wenn er nicht glaubt, dass sein Leben dadurch besser wird.

Was wollen die Menschen also heute, was Sie ihnen bieten können und wofür sie bereit sind, Geld auszugeben? Überlegen Sie, was Ihr Leben wesentlich verbessern würde. Gibt es eine Möglichkeit, viel mehr Geld zu verdienen, ohne lange arbeiten zu müssen?

Viele Menschen suchen dort nach Antworten, aber die meisten werden schließlich zu oft überlistet oder sind entmutigt, wenn sie erkennen, dass zumindest anfangs harte Arbeit erforderlich ist.

Diejenigen, die nach einfachen Lösungen, großen Geldsummen und wenig oder gar keiner Anstrengung suchen, werden immer wieder auf "get rich quick"-Systeme hereinfallen und ärmer werden. Die Realität ist, dass es keine einfache Abkürzung zum Reichtum gibt, und nur diejenigen, die erwarten, dass ihnen alles in die Hände fällt, fallen immer noch auf solche Systeme herein. Wie hart sind Sie also bereit, in den sechs Stunden, die Sie pro Woche zu Hause verbringen, zu arbeiten?

Wenn Sie sich jetzt anstrengen, wird sich Ihr Leben von einem gewöhnlichen in ein außergewöhnliches verwandeln; lohnt sich das nicht? Sind Sie bereit, sich darauf einzulassen, oder geben Sie sich damit zufrieden, weiterhin das zu tun, was Ihnen nicht das Leben beschert hat, das Sie sich wünschen? Sie haben die Wahl, also wählen Sie die richtige, oder Sie werden sich immer fragen, was wäre, wenn?

KAPITEL 3: UMSATZWACHSTUM WÄHREND EINER REZESSION.

Es gibt immer einen positiven Aspekt in jeder Situation. Ich erkenne zwar an, dass eine Rezession Ihr Unternehmen beeinträchtigen kann, aber sie bestimmt nicht sein Ergebnis. Sie haben es in der Hand, aber nur wenige Unternehmer wissen, wie sie das tun können. Sobald diese Einsicht in Ihr Wesen und Ihren Betrieb eingeflossen ist, werden steigende Umsätze während einer Rezession wahrscheinlicher; sie werden zu einem Muster, das über Boom und Bust hinausgeht!

Meiner Meinung nach werden in einer Rezession die Ineffizienzen und schlechten Praktiken eines Unternehmens, das in einem aufstrebenden Markt überleben durfte, hervorgehoben und verstärkt.

In guten Zeiten geben sich die meisten Unternehmen mit einer zufriedenstellenden Kapitalrendite zufrieden, und nur wenige erkennen, dass sie wesentlich höhere Umsätze erzielen könnten, wenn sie erkennen würden, dass die interne Dynamik ihres Unternehmens nicht präzise ist.

Außerdem neigen gute Zeiten dazu, die "Faulheit" im Unternehmen zu fördern, wenn es wenig Motivation gibt, zu lernen, die Grenzen des Umsatzwachstums zu erweitern oder Systeme/Aktionen, die wenig zur Umsatzsteigerung beitragen, kritisch zu bewerten.

In Zeiten der Rezession wird auch die Ideen- und Lösungslosigkeit vieler unserer so genannten "Führungskräfte" deutlich. Führungspersönlichkeiten und Innovatoren sind diejenigen, die Pionierarbeit leisten und die Grenzen ihrer jeweiligen Branche kontinuierlich verschieben. Leider gibt es nur sehr wenige echte Führungskräfte und Innovatoren.

Sie verhalten sich in guten und in schlechten Zeiten so, weil sie so sind, wie sie sind. Sie sind immer auf der Suche nach Möglichkeiten zur Umsatzsteigerung. Sie erkennen, dass der aktuelle Zustand ihres Unternehmens ein direktes Ergebnis der in der Vergangenheit getroffenen Maßnahmen und Entscheidungen ist. Wenn das Ergebnis nicht zufriedenstellend ist, ändern sie ihre Entscheidungen und Aktivitäten, um positive Ergebnisse zu erzielen.

Führungspersönlichkeiten und Innovatoren machen nur einen sehr kleinen Teil der Geschäftswelt aus. Folglich können sie auch weiterhin Umsatzsteigerungen erzielen. Dennoch ist es nicht schwer, sie auf jedem Markt zu entdecken - ihre Unternehmen sind die wenigen, die immer aktiv sind, immer Kunden haben und in der Regel als Marktführer in ihrer Branche anerkannt sind. Wie bereits erwähnt, handelt es sich dabei jedoch um eine ausgewählte Handvoll.

Warum ist das so?

Was wissen oder tun sie, das sich von anderen unterscheidet?

Die einfache Erklärung dafür ist, dass die Eigentümer solch erfolgreicher Unternehmen nicht wie die meisten anderen Eigentümer denken oder handeln. Diese Leute sind in alle Bereiche ihres Unternehmens involviert. Sie haben extrem hohe Erwartungen an sich selbst, ihre Mitarbeiter und ihr Unternehmen.

Diese profitablen Unternehmen sind nicht das Ergebnis eines Zufalls. Sie machen Unterscheidungen, die die Mehrheit nicht macht. Es ist so einfach, wie die gleiche Sache aus einem neuen Blickwinkel zu betrachten.

Die effektivste Technik, um Sie zum Verstehen zu bringen, ist, Ihnen folgende Fragen zu stellen:

1. Haben Sie fundierte Kenntnisse über Ihre Produkte/Dienstleistungen?
2. Kennen Sie die Alleinstellungsmerkmale Ihres Unternehmens?

3. Ist Ihnen bewusst, dass 1 % Ihrer Handlungen 98 % Ihrer Einnahmen ausmachen können?
4. Sind Sie sich bewusst, dass der Verlust von Kunden zu einer Gewinnsteigerung führen kann?
5. Sind Sie sicher, dass Ihr Unternehmen das größte auf dem lokalen Markt ist?
6. Verfügen Sie über fundierte Kenntnisse Ihres lokalen Marktes?
7. Streben Sie aktiv nach Veränderung?
8. Sind Sie sich des großen Unterschieds zwischen Geschäftsinhabern und Unternehmern bewusst?
9. Kennen Sie Ihre aktuelle finanzielle Situation?
10. Ist Ihnen klar, dass es so etwas wie Wettbewerb nicht gibt?
11. Sind Sie sich bewusst, dass alle Antworten auf alle Fragen innerhalb Ihrer Organisation zu finden sind?

Positive und prompte Antworten auf diese Fragen weisen auf Spitzenunternehmen hin. Sie wählen Unternehmen mit einem Auftrag und einer soliden Basis, die auf Expansion ausgerichtet sind.

Wenn Sie auf eine dieser Fragen mit "Nein" geantwortet haben, würde ich vermuten, dass Ihr

Unternehmen nicht auf einem stabilen Fundament "verankert" ist und wahrscheinlich von den Winden der Rezession getragen wird. Die gute Nachricht ist, dass Ihr Unternehmen das größte Potenzial für ein schnelles und robustes Umsatzwachstum hat - sogar in dieser Wirtschaftslage!

Betrachten wir die erste Frage etwas genauer.

Der erste Schritt für Personen, die in der Café-Branche tätig sind, besteht darin, die Glieder der Lieferkette für jedes Produkt zu untersuchen und die aktuellsten und genauesten Informationen darüber zu sammeln, welche Produkte/Lieferanten absolute Konsistenz und die beste Qualität bieten.

Sobald ein Umsatzrückgang eintritt, reagieren die Eigentümer sofort und kürzen alle Betriebskosten. Der Versuch, die Betriebskosten zu senken, ist zwar lobenswert, doch geht dies auf Kosten der Produktkonsistenz und -qualität und wirkt sich direkt negativ auf den Umsatz aus.

Hinzu kommt, dass einige Produkte ein höheres Maß an Fachwissen bei der Verarbeitung erfordern, um absolute Einheitlichkeit und beste Qualität zu gewährleisten. Wenn ein Produkt, wie z. B. Kaffee, erst einmal aufgrund des Preises in Mitleidenschaft gezogen wurde, werden seine Konsistenz und Qualität im Laufe der Verarbeitung in der Regel weiter beeinträchtigt.

Warum ist das so?

In den meisten Fällen besteht ein direkter Zusammenhang zwischen Unternehmen, die Kostensenkungen Priorität einräumen, und der mangelnden Ausbildung ihrer Mitarbeiter. Wenn ein Barista nicht über die notwendigen Kenntnisse und Fähigkeiten verfügt, um Kaffeebohnen mit absoluter Konsistenz und größtmöglicher Qualität zuzubereiten, erhält der Endkunde ein minderwertiges Produkt, das sich auf dem lokalen Markt nicht von anderen unterscheidet.

Ich habe beobachtet, dass viele Unternehmen mit ihrem inkonsistenten und minderwertigen Kaffee unbeabsichtigt ein Unterscheidungsmerkmal geschaffen haben.

Wie bereits gesagt, ist die Frontline nur ein Glied in der Kaffee-Lieferkette. Fehlt ein Glied in der Kette und ist es nicht konsistent und von höchster Qualität, so sinkt die Fähigkeit eines Unternehmens, seinen Umsatz schnell und nachhaltig zu steigern.

Hervorragendes Fachwissen, ständige vergleichende Analysen und ein unübertroffenes Engagement für Qualität mögen ein Unternehmen zunächst "kosten", aber der Ertrag aus dem Umsatzwachstum ist nichts weniger als bemerkenswert. Würde eine Wachstumsrate von 100 bis 1.000 % pro Jahr Ihr Interesse wecken?

Bei dieser Art der Leistungsverbesserung würde ich diese anfänglichen "Kosten" lieber als "fremdfinanzierte Investition" bezeichnen. Ich habe mit über tausend Kaffeeunternehmen gearbeitet. Diese einfache Strategie hat sich wiederholt als wirksam erwiesen.

Ich habe festgestellt, dass das größte Hindernis für eine Verlagerung des Schwerpunkts darin besteht, dass es den Geschäftsinhabern schwer fällt zu akzeptieren, dass die Investition von etwas mehr Geld, um die hochwertigsten Produkte auf dem Markt zu erhalten (anstatt Abstriche zu machen), den Umsatz erheblich steigern kann. Einfach ausgedrückt: Sie glauben nicht, dass die von mir genannten Wachstumsraten möglich sind.

Alte Gewohnheiten lassen sich nur schwer ablegen. Wenn ich über einige Jahre hinweg an durchschnittliche Erträge gewöhnt wäre und beobachten würde, dass andere Unternehmen um mich herum dasselbe erreichen, würde ich durchschnittliche Erträge als die Norm betrachten.

Die Realität ist, dass sich ein Unternehmen seinen Erfolg NIE aufsparen kann; vielmehr muss es seinen Erfolg VERKAUFEN, und das geht am besten, indem es den Kunden ein besseres Produkt zu einem vernünftigen Preis anbietet. Haben Sie bemerkt, dass ich nicht gesagt habe, dass Ihre Produkte preiswert sein müssen?

Das billigste Produkt in der Stadt zu haben, zieht billige Kunden an und erhöht die Arbeitsbelastung Ihres Personals für wenig Gegenleistung. Ein besseres Preis-Leistungs-Verhältnis zieht diejenigen an, die bereit sind, dafür zu zahlen, und erhöht Ihre Rendite.

Trotzdem reicht es nicht aus, davon auszugehen, dass die teuersten Produkte auf dem Markt die höchste Qualität haben. Ein Mix aus verschiedenen Elementen macht ein Produkt für Ihr Unternehmen besser als ein anderes. Zu den Faktoren gehören:

- Der Reifegrad des Marktes, d. h. wie anspruchsvoll der Geschmack der Verbraucher für das betreffende Produkt ist.
- Die vergleichende Analyse wird objektiv und mit Hilfe einer Fokusgruppe durchgeführt; sie wird niemals subjektiv durchgeführt.
- Die Fähigkeiten, das Know-how und die Erfahrung des Herstellers.

- Die Qualität der ersten Rohstoffe, die oft als Ursprung oder Vorläufer bezeichnet werden.
- Vielleicht am wichtigsten: Welches Produkt erfüllt das übergeordnete strategische Ziel des Unternehmens? (Ich gehe davon aus, dass es sich in den meisten Fällen um Umsatzwachstum handelt, aber das war nicht immer der Fall.)

Wie Sie sehen, ist viel mehr Arbeit und Nachdenken erforderlich, als sich die meisten Unternehmer vorstellen oder zu tun wagen. Unabhängig von der Rezession ist ein schnelles und beschleunigtes Umsatzwachstum die Belohnung dafür, dass man die Details hinter jeder Frage in gleichem Maße erforscht wie die erste.

Es ist machbar, Ihr Unternehmen durch Konzentration und Fleiß gegen JEDE externe Variable resistent zu machen. Dies gilt auch für die wirtschaftlichen Bedingungen und die Kauftrends der Verbraucher. Die obigen Fragen liefern die notwendigen Informationen, um Ihr Unternehmen in diese Richtung zu entwickeln.

Spitzenunternehmer wissen, dass der interne Zustand ihres Unternehmens ihre Verkaufsergebnisse und die Gesamtrentabilität ihres Unternehmens bestimmt. Um Ihr Unternehmen in diesen "ultimativen" Zustand zu versetzen, müssen Sie sich die neuesten Informationen aneignen und sie in Ihrem Unternehmen umsetzen. Nur die Kenntnisse, Systeme und Aktivitäten, die den Umsatz schnell steigern, sollten genehmigt werden. Alles andere ist verschwendete Zeit und Mühe.

Darüber hinaus ist es wichtig, sich niemals einzureden, dass das eigene Wissen ausreichend ist. Das ist nie der Fall, und wenn Sie das verstehen, werden Sie und Ihr Unternehmen auch weiterhin nach neuen Möglichkeiten suchen und sich trotz der sich ständig ändernden Marktbedingungen positiv entwickeln.

Ironischerweise ist es einfach zu verstehen, aber schwierig umzusetzen. Je mehr Sie und Ihre Mitarbeiter dieses Wissen lernen, organisieren und nutzen, desto höher werden Ihre Umsätze sein.

Deshalb gibt es nur so wenige Unternehmen, die an der Spitze stehen.

Alle anderen leiden in Rezessionen überproportional. Ich hoffe, ich habe Sie dazu angeregt, darüber nachzudenken, wie Ihr Unternehmen jetzt läuft. In dieser wirtschaftlichen Situation wird nichts anderes als ein Anstieg des Umsatzes beweisen, dass Sie einige der oben genannten Vorschläge umsetzen.

KAPITEL 4: MARKETING WÄHREND EINER WIRTSCHAFTLICHEN REZESSION.

Ob es zu einer Rezession kommen wird oder nicht, ist noch umstritten. Für viele Unternehmen stellt sich jedoch eine heikle Frage. Soll man die Marketingausgaben beibehalten oder aufschieben, bis sich die Wirtschaft erholt?

Lassen Sie Ihre Marke sich Selbst verkaufen.

Wenn die Stabilität der Wirtschaft in Frage steht, ist die erste Reaktion vieler Unternehmen, ihre Marketingaktivitäten zu reduzieren, bis die Hausse zurückkehrt. Es gibt keinen besseren Zeitpunkt für die Vermarktung als während einer echten oder vermeintlichen Rezession.

Während der wirtschaftlichen Rezession von 1990-1991 sagte John Vanderzee, ehemaliger Werbemanager der Ford-Sparte der Ford Motor Company: "Wer sich wegen der Rezession zurückzieht, hat den Kopf in den Sand gesteckt." Vanderzee merkte daraufhin an, dass Investitionen in Marketing in einer Rezession unerlässlich sind.

Eine Rezession kann als Chance und nicht als Todesurteil betrachtet werden. Die Kunden wägen ihre Alternativen sorgfältig ab und werden weiterhin nach erschwinglichen, hochwertigen Produkten und Dienstleistungen suchen, da sie kostenbewusster werden. Wenn Ihr Produkt oder Ihre Dienstleistung ein Synonym für Wertigkeit ist, sind Sie der Zeit bereits voraus.

Hinzu kommt, dass Ihre Konkurrenten möglicherweise weniger auffallen, da viele Unternehmen die Chance nicht erkennen und ihre Marketingausgaben reduzieren. Infolgedessen verlieren sie Marktanteile. Infolgedessen heben sich Ihre laufenden Marketingaktivitäten von der Masse ab und werden eher wahrgenommen, da der Markt nicht so stark belebt ist.

In einer Rezession kann eine starke Marke enorme Vorteile bringen und den Erfolg Ihrer Marketingaktivitäten erheblich steigern. Nehmen wir an, dass Ihre Marke für Ihr Publikum einen Wert darstellt, gut geführt wird, eine emotionale Verbindung zu Ihrer Zielgruppe herstellt und Loyalität erzeugt. In diesem Fall werden Sie wahrscheinlich auch in einer vermeintlichen Rezession gut abschneiden.

Die Kampagne Retirement Red Zone von Prudential ist ein Beispiel dafür. Sie befasst sich mit den Sorgen der Verbraucher in Bezug auf ihren Ruhestand und gibt ihnen die Gewissheit, dass sie ihre Ruhestandsziele trotz des derzeitigen Wirtschaftsklimas erreichen können.

Die Kampagne nutzt Fernseh-, Radio- und Printanzeigen und leitet die Verbraucher auf die Website von Prudential. Dort können sie mit persönlichen Beratern interagieren und auf verschiedene Lehrmittel, Ressourcen und Informationen auf ihren Websites zugreifen.

Haben Sie keine Angst, wenn Ihre Marke die oben genannten Standards nicht erfüllt. Jetzt ist ein hervorragender Zeitpunkt, um die Sichtbarkeit zu erhöhen (oft bei geringerem Wettbewerb). Nehmen Sie sich die Zeit, Ihre Marke zu perfektionieren und mit Ihrem Publikum zu kommunizieren, um ihren Wert zu unterstreichen.

Sie können auch eine bekannte Marke haben und dennoch ein hervorragendes Produkt oder eine hervorragende Dienstleistung anbieten. Sie können sich die Frage stellen, ob Ihr Publikum in schwierigen Zeiten weiterhin "verwöhnt" werden will oder nicht. Wenn Sie Ihre Marke wirksam definiert und gestärkt haben, werden Ihre Stammkunden auch weiterhin kaufen. Nehmen Sie Tiffany's als Beispiel.

Trotz wirtschaftlicher Rezessionen floriert Tiffany's weiterhin. Die Menschen kaufen trotz des Preises weiter, da die Qualität der Marke und ihre dauerhafte Attraktivität gestärkt wurden. Das

Rotkehlchenblau der Verpackung ist auch ohne den Namen der Marke sofort erkennbar. Sie vermittelt die Marke, ohne Worte zu benutzen.

Man denkt an Hoffnung, wenn man einen Umschlag oder ein Paket von Tiffany's sieht. Ein Versprechen. Die Artikel von Tiffany's mögen teuer sein, aber sie stehen für Qualität und rufen bei der Zielgruppe starke, angenehme Gefühle hervor.

Darüber hinaus gibt es Möglichkeiten, Ihre Marke wiederzubeleben. Nutzen Sie diese Gelegenheit, um Ihre Mitarbeiter über die Bedeutung der Markentreue aufzuklären und darüber, wie sie dazu beiträgt, den Absatz in Zeiten des wirtschaftlichen Abschwungs zu sichern.

Genau das hat Tylenol erreicht und seine interne Hingabe in externes Marketing umgesetzt. Das Unternehmen entwickelte eine Kampagne, in der seine Mitarbeiter für die Marke warben und ihre Loyalität zum Unternehmen zum Ausdruck brachten.

Sie könnten Ihre Marke auch neu ausrichten, um ein größeres oder neues Publikum anzusprechen. Die Dove-Kampagne für echte Schönheit richtete sich gegen die unmöglichen und unangemessenen Schönheitsstandards der Gesellschaft für Frauen, indem sie erklärte: "Du bist schön, so wie du bist".

Zur Unterstützung dieser Kampagne ermutigte Dove alle Frauen, ihre natürliche Schönheit zu erkennen. Die Kampagne bezog die Öffentlichkeit mit ein, indem sie ihr u. a. die Möglichkeit gab, ihre Geschichte zu erzählen, ihre Kampagnen für wahre Schönheit aufzubauen und an Wettbewerben und Blogs teilzunehmen. Auf diese Weise trug das Publikum dazu bei, die Marke Dove zu fördern.

Denken Sie daran, dass sich die Wirtschaft irgendwann erholen wird. Konsequentes Marketing während einer Rezession hilft, den Schwung aufrechtzuerhalten. Es hinterlässt einen unauslöschlichen Stempel im Gedächtnis Ihrer Zielgruppe, so dass diese eher geneigt ist, in ein stabileres wirtschaftliches Klima zurückzukehren. Diejenigen, die ihre Marketingaktivitäten während einer Rezession aufgeben oder einschränken, haben es wesentlich schwerer, sich wieder zu erholen, sobald sich die Wirtschaft erholt.

Aus Zitronen Limonade machen.

Ihre bestehende Marketingstrategie muss wirtschaftlichen Rezessionen Rechnung tragen, und es gibt keine Einheitslösung für alle. Sie müssen den Markenwert Ihres Unternehmens und den Wert Ihrer Produkte/Dienstleistungen untersuchen, um die optimale Methode zu finden. Dennoch gibt es einige Strategien, die Sie in Betracht ziehen sollten:

Wiederholen Sie die Sorgen des Publikums.

Zeigen Sie dann auf, wie Ihr Produkt oder Ihre Dienstleistung ihre Bedenken zerstreuen kann. Vor dem Kauf würde Ihr Publikum Garantien suchen, dass Ihr Produkt oder Ihre Dienstleistung große Vorteile und einen guten Wert bietet. Quaker Oats überarbeitete sein Produkt als Reaktion auf den wirtschaftlichen Abschwung der frühen 1990er Jahre, der das Unternehmen mit schlechten Verkaufszahlen plagte.

Zunächst engagierten sie den vertrauenswürdigen, großväterlichen Schauspieler Wilford Brimley als Sprecher. Dann betonten sie, dass Hafer eine billige Eiweißquelle sei, denn eine Schale kostete nur neun Cent. Das Ergebnis war ein Anstieg der Verkaufszahlen.

Konzentrieren Sie sich auf einen Nischenmarkt.

Ermitteln Sie, welcher Teil Ihres Zielmarktes Ihre Dienstleistungen am meisten benötigt. Diese Kunden werden wahrscheinlich eher für Ihre Botschaft empfänglich sein. Finden Sie Möglichkeiten, einen Mehrwert zu bieten, z. B. durch zusätzliche oder erweiterte Dienstleistungen. Auf diese Weise können Sie sich das Vertrauen und die Loyalität Ihrer Kunden durch Ihre Anpassungsfähigkeit in einem schwierigen Geschäftsumfeld sichern.

Erschließen Sie einen ungenutzten Markt.

Wir arbeiten tagtäglich in einem zunehmend globalen Maßstab. Suchen Sie nach bisher unberührten Märkten, vor allem nach solchen im Ausland. Wenn Länder wie China ihre Präsenz in der Weltwirtschaft ausbauen, werden zwei Dinge eintreten: Die Ausgaben werden steigen, und diese Länder werden mehr westliche Waren und Dienstleistungen kaufen. Nutzen Sie diese Gelegenheit, um sich einen Wettbewerbsvorteil zu verschaffen.

Zeigen Sie den Kunden Ihre Unverzichtbarkeit.

Selbst wenn Sie es bauen, ist das noch keine Garantie dafür, dass die Leute kommen werden. Die Unternehmen müssen ihren Wert für die Kunden unter Beweis stellen, vor allem in Zeiten der Rezession.

Bieten Sie solide Fallstudien, Beispiele dafür, wie die Kunden Ihrer Zielgruppe von Ihren Dienstleistungen/Produkten profitieren würden, und Erfolgsstatistiken, um Ihr Wertversprechen zu untermauern. Eine seriöse Marke strahlt Wert aus und fördert so die Kundentreue.

An die Emotionen der Interessenten appellieren.

Es ist kein Zufall, dass erfolgreiche Kampagnen an die Markentreue und die Emotionen der Kunden appellieren. Wendy's räumte ein, dass die Rezession in den 1990er Jahren hart war, aber dass man in ihrem Restaurant immer noch gut essen konnte. Die Hamburger wurden auf Bestellung mit frisch gemahlenem Rindfleisch zubereitet. Die reichhaltige und nahrhafte Salatbar war eine All-you-can-eat-Option.

In dieser Zeit der wirtschaftlichen Not blieben die Umsätze konstant. Trotz ihrer hohen Wirksamkeit müssen Sie sicherstellen, dass Ihre Botschaft authentisch ist, die Werte und Verhaltensweisen Ihrer Zielgruppe widerspiegelt und einfach zu vermitteln ist.

Warum? Weil eine Botschaft, die stark visuell und emotional aufgeladen ist, mit größerer

Wahrscheinlichkeit einen Dominoeffekt hat, wenn die Kunden das Markenbewusstsein verbreiten. Im Grunde genommen werden Ihre Kunden und potenziellen Kunden zu einem Marketinginstrument.

Überbrücken Sie die Kommunikationslücke. Im Geschäftsleben hat die Technologie die Bedeutung der menschlichen Interaktion in den Hintergrund gedrängt. Egal, wie fortschrittlich die Technologie auch sein mag, sie kann die Stärke der menschlichen Beziehungen nicht ersetzen. Nutzen Sie diese Strategie, um sich persönlich mit Ihren Kunden und qualifizierten Interessenten zu treffen.

Fragen Sie sie nach ihren aktuellen Sorgen und Hindernissen und wie Sie ihnen helfen können. Ein aufmerksames Zuhören und die Unterstützung der Kunden bei der Lösung ihrer Probleme tragen wesentlich dazu bei, die Marktdynamik zu erhalten.

Betrachten Sie Ihre Waren oder Dienstleistungen in einem neuen Licht. Ihre Produkte oder Dienstleistungen mögen in der Vergangenheit erfolgreich gewesen sein. In Zeiten des wirtschaftlichen Abschwungs können Sie sich nicht auf eine "Gleiche alte, gleiche alte" Denkweise verlassen. Überprüfen Sie Ihr Produkt oder Ihre Dienstleistung, um neue Anwendungen oder Vorteile für den Kunden zu finden.

Während der Rezession von 1990-1991 bewarb Kraft Foods seine A-1 Steak Sauce als hervorragende Würze für Hamburger zusätzlich zum Lendensteak. In dieser Zeit verzehrten die Verbraucher seltener Filet Mignon und eher Hackfleisch. Daher war dies eine kluge Entscheidung.

Geben Sie Geld für Produkte und Dienstleistungen aus, die in einer Rezession besonders gut laufen. Während desselben wirtschaftlichen Abschwungs verlagerte die Dow Chemical Company ihr Marketingbudget von Glass Plus-Reiniger auf Ziploc-Gefrierbeutel, eine damals neue Produktlinie. Das Unternehmen hob die Fähigkeit dieser Beutel hervor, die Frische von Essensresten zu bewahren. Auch dies war ein kluger Schachzug, denn immer mehr Verbraucher gaben weniger aus und verschwendeten weniger.

Die Bewertung und Umsetzung wirksamer Branding- und Marketingstrategien kann Ihnen helfen, Ihre Einnahmen in schwierigen Zeiten aufrechtzuerhalten. In der Tat können Sie Ihre Marke trotz der düsteren Prognosen ausbauen, wenn Sie sie entsprechend aufbauen und vermarkten.

Rezessive Zeiten erfordern proaktives Handeln.

In schwierigen Zeiten ist es von entscheidender Bedeutung, Vertrauen zu Ihren Kunden aufzubauen, ihre Werte und Gewohnheiten zu verstehen und mit einer Botschaft, die ihren Problemen gerecht wird, sichtbar zu bleiben. Wenn Sie weiterhin den Marktwert Ihrer Marke aufbauen und verwalten, wird Ihr Unternehmen in der Lage sein, jedem wirtschaftlichen Einbruch zu widerstehen.

Die Möglichkeit einer Rezession kann viele Menschen dazu verleiten, reaktiv zu handeln. Nehmen Sie stattdessen eine proaktive Haltung ein und entdecken Sie Möglichkeiten für Ihr Unternehmen, aus dieser Situation Nutzen zu ziehen. Dadurch wird

Ihr Unternehmen gestärkt und gewinnt vielleicht ein paar neue Kunden.

KAPITEL 5: IHRE IDENTITÄT WÄHREND DER REZESSION AUFBAUEN.

Die weltweite wirtschaftliche Rezession hat zum Niedergang vieler der größten Unternehmen und Organisationen der Welt geführt, von Fluggesellschaften bis zu Finanzinstituten. Da er für eines dieser Unternehmen oder einen dieser Konzerne gearbeitet hat, ist dies höchstwahrscheinlich der Grund, warum Ihr Nachbar jetzt in der Regel zu Hause ist.

Der Aufstieg des klugen Geschäftsmannes.

Die Realität zeigt, dass es so etwas wie Arbeitsplatzsicherheit nicht gibt. Pfändungen von Häusern nehmen zu, und Entlassungen werden immer alltäglicher. Die Menschen verlieren das Vertrauen in sich selbst mehr als in ihre Chefs. Jedes kleine Unternehmen ist auch anfällig, wenn bedeutende Marktführer von der Wirtschaftskrise betroffen sind. Ist dies richtig?

Bis zu einem gewissen Grad stimmt das zwar, aber in dieser Zeit der finanziellen Unsicherheit für Einzelpersonen, Familien, Unternehmen und Organisationen wird ein gewisser intelligenter Unternehmer auftauchen. In dieser Zeit werden viele intelligente Menschen zu Wohlstand kommen.

Es wurde immer behauptet, dass eine Rezession der perfekte Zeitpunkt für eine Unternehmensgründung ist. In dieser Zeit beginnen Unternehmen, die Luxusprodukte und -dienstleistungen verkaufen, schlecht zu laufen, während Unternehmen, die Notwendiges verkaufen, gut abschneiden. Ich glaube, dass jetzt der perfekte Zeitpunkt ist, um ein Unternehmen zu gründen, auch wenn dies den meisten Menschen töricht und riskant erscheinen mag.

Sie können aus der Tatsache, dass Ihr Nachbar arbeitslos ist, Kapital schlagen, indem Sie erkennen, dass sich Tausende von Menschen in der gleichen Situation befinden. Ohne es negativ zu meinen, können Sie Ihr eigenes Unternehmen gründen, indem Sie ein Produkt oder eine Dienstleistung anbieten, die der Markt braucht.

Die meisten Menschen haben das Gefühl, dass sie zur Zeit kein Unternehmen gründen können, weil alle großen Unternehmen scheitern, also gehen sie davon aus, dass auch sie scheitern werden. Noch einmal: Es gibt kein "Ich kann nicht" oder "Wir können nicht", denn wir sind alle Menschen und kompetent. Wer hätte gedacht, dass einer dieser großen Akteure wie Goliath zusammenbrechen würde? Keiner ist anwesend.

Jetzt ist die Gelegenheit, sich als Marke zu etablieren.

Wenn Sie Ihr eigenes Unternehmen gründen und sich als Marke etablieren wollen, ist jetzt der richtige Zeitpunkt dafür. Die meisten Unternehmen machen zwar Verluste, aber das muss nicht heißen, dass es Ihnen auch so geht.

Gründen Sie ein Unternehmen, das ein Produkt oder eine Dienstleistung anbietet, die die Menschen bereits brauchen und ohne die sie nicht leben können. Denken Sie daran, dass die Verbraucher ihre Ausgaben reduziert und ihre Kaufgewohnheiten geändert haben.

Wir geben mehr von unserem Geld für Waren aus, die wir brauchen und die für uns wertvoll sind. Wenn Sie ein Unternehmen gründen, das ein Produkt oder eine Dienstleistung verkauft, die die Menschen nicht wollen oder nicht schätzen, können Sie Geld verlieren und scheitern.

Anstatt über die Rezession zu lamentieren und sich zu sagen, dass es keine Arbeitsplätze gibt, sollten Sie die Krise nutzen, indem Sie Ihr eigenes kleines Unternehmen gründen und sich als erfolgreicher Unternehmer profilieren, der in der schlimmsten Wirtschaftskrise seit dem Zweiten Weltkrieg zu Ruhm gekommen ist.

KAPITEL 6: WIE SIE IHR UNTERNEHMEN WÄHREND EINER REZESSION AUSBAUEN KÖNNEN.

Trotz aller Unkenrufe bereiten sich kluge Unternehmer auf ein mögliches wirtschaftliches Comeback vor. Da die Kunden ihre Ausgaben kürzen, die Verkaufszyklen länger werden und die Einnahmen sinken, ist die Versuchung groß, die Anstrengungen in den Bereichen Marketing, Vertrieb und Kundendienst drastisch zu reduzieren.

In jedem Fall klingelt das Telefon vielleicht weniger, die Kunden geben weniger aus, und es ist schwierig, die laufenden Ausgaben für Marketing, Vertrieb und Kundendienst zu decken. Jetzt ist es an der Zeit, standhaft zu bleiben und zu expandieren.

Studien haben wiederholt gezeigt, dass Unternehmen, die ihr Marketing und ihren Kundendienst während einer Rezession fortsetzen oder ausbauen, Marktanteile gewinnen und aus der Krise gestärkt hervorgehen.

Das bedeutet nicht, dass Sie unbedacht Geld ausgeben sollten. Es gibt jedoch drei wichtige Bereiche, in die Sie jetzt investieren sollten, um Ihr Unternehmen während des Aufschwungs auf die nächste Stufe zu heben.

In wirtschaftlich schwierigen Zeiten wird das Marketingbudget von Unternehmen als erstes gekürzt. In Wirklichkeit verschlimmert ein solches Manöver jedoch nur den Schmerz. In ein paar Monaten wird Ihr zukünftiger Erfolg von den Marketing- und Werberessourcen abhängen, die Sie heute bereitstellen. Die Nachfrage verschwindet nicht unbedingt während einer Rezession, aber die Verkaufszyklen verlängern sich, da die Befriedigung aufgeschoben wird.

Wenn Ihre Konkurrenten ihre Budgets kürzen, wird die Beibehaltung Ihres Budgets Ihre Präsenz in den von Ihnen gewählten Medien und in den Köpfen Ihrer Kunden erhöhen. Nutzen Sie diese Gelegenheit, um Premium-Anzeigenplätze zu erwerben, die früher von Konkurrenten belegt waren, oder um Marketingstrategien zu testen, die Sie schon lange im Hinterkopf hatten. Zu diesem Zeitpunkt haben Sie wahrscheinlich mehr Zeit, um sich ihnen zu widmen.

1. Kundenservice - Eine weitere wirksame Methode, um aus einer Rezession Kapital zu schlagen, ist die Verbesserung des Kundenservices. Sie können weniger Geschäfte machen, aber das erhöht nur den Wert jedes potenziellen und bestehenden Kunden. Wenn Sie Ihren Kunden erlauben, sich durch ein Labyrinth von Tonwahlmöglichkeiten zu navigieren oder sie mit einer Sprachbox zu begrüßen, können Sie zwar kurzfristig Geld sparen, aber auf lange Sicht könnte es Sie kosten.

2. Ziehen Sie in Erwägung, ein Unternehmen zu beauftragen, das eine Live-Telefonbeantwortung oder, noch besser, einen lokalen, externen

Empfangsdienst anbietet, bei dem Ihre Anrufe live entgegengenommen und die Kunden bedient werden. Anrufe können diskret angekündigt und in Echtzeit mit Ihnen verbunden werden. Einige Unternehmen, die Empfangsdienste anbieten, organisieren auch Termine für Sie vor Ort.

3. Systeme - Während einer Rezession sollten Sie Ihren Vertriebs- und Kundendienstsystemen Priorität einräumen. Jetzt ist es an der Zeit, ein System für die persönliche und telefonische Kundenbetreuung aufzubauen.

Wenn Sie bereits ein Vertriebs- und Kundendienstsystem verwendet haben, sollten Sie es überprüfen und verbessern. Erwecken Sie das Vertrauen der Verbraucher, indem Sie ihnen eine konsistente, ausgefeilte und professionelle Erfahrung bieten, wenn sie mit Ihrem Unternehmen in Kontakt treten.

Kunden sind eher bereit, ihr hart verdientes Geld bei Ihrem Unternehmen auszugeben, wenn sie mehr Vertrauen haben (besonders in wirtschaftlich schwierigen Zeiten). Ein selbstbewusstes Auftreten in Zeiten, in denen dies nur wenige tun, verleiht Ihrem Unternehmen Glaubwürdigkeit.

Wenn sich die Wirtschaft erholt und ein Nachholbedarf an Waren und Dienstleistungen entsteht, können sich Investitionen in die richtigen Bereiche Ihres Unternehmens auszahlen.

KAPITEL 7: WIE SIE AUFHÖREN, SICH SORGEN ZU MACHEN, UND IHRE AUFMERKSAMKEIT AUF DAS WACHSTUM IHRES UNTERNEHMENS LENKEN KÖNNEN!

In der Geschäftswelt wie im Leben müssen Sie wissen, dass Sie das erhalten, worauf Sie sich konzentrieren. Wenn Sie sich auf das konzentrieren, was Sie wollen, werden Sie es erhalten; ebenso werden Sie das erhalten, was Sie nicht wollen, wenn Sie sich auf das konzentrieren, was Sie nicht wollen. Ein Klient von mir sagte kürzlich ganz klar: "Die Menschen reden sich eine Rezession ein".

Wenn Sie sich auf etwas konzentrieren, das Sie nicht wollen, werden Sie wahrscheinlich Angst, Stress, Furcht usw. empfinden. Denken Sie daran, dass Ihr Verstand Sie daran erinnert, sich auf das zu konzentrieren, was Sie wollen.

Eine selbstverwirklichende Prophezeiung.

Zu viele Menschen sind so sehr mit dem beschäftigt, was sie nicht wollen und was sie vermeiden möchten, dass sie nicht erkennen, was sie haben können und welche Möglichkeiten es in der Gegenwart gibt.

Wie oft denken Sie an den schlimmsten Fall oder an das, was schief gehen könnte, und wenn er eintritt, sagen Sie: "Ich wusste, dass das passieren würde"? Dies wurde zu einer sich selbst erfüllenden Prophezeiung, denn es ist wissenschaftlich erwiesen, dass der Verstand nicht zwischen lebhaften Bildern und der Realität unterscheiden kann. In größerem Maßstab gilt das auch für die Wirtschaft.

Ich habe erlebt, wie Wirtschaftsprognosen zu sich selbst erfüllenden Prophezeiungen wurden. Wenn eine ausreichende Zahl von Verbrauchern und Unternehmen die Wirtschaftsprognosen akzeptiert und ihr Verhalten entsprechend ändert, werden die Prognosen wahr.

Verbraucher und Unternehmen ändern ihre Kauf- und Investitionsentscheidungen je nach dem Grad ihres Zukunftsoptimismus. Wenn pessimistische Wirtschaftserwartungen vorherrschen, ändert sich das Verhalten der Verbraucher und Unternehmen entsprechend, und die Ausgaben und Investitionen gehen zurück. Im Gegensatz dazu steigen bei positiven Prognosen das Vertrauen, die Ausgaben und die Investitionen, und wir als Gesellschaft erleben einen Boom.

Ich hatte in letzter Zeit zahlreiche einzigartige Begegnungen in Einzelhandelsgeschäften. Selbst bei Netzwerktreffen habe ich erlebt, wie einige Geschäftsinhaber einen zynischen Diskurs führten, wenn sie über ihr Unternehmen befragt wurden. Ich konnte beobachten, wie sich die pessimistische

Einstellung der Mitarbeiter auf ihr Verhalten und die Qualität ihres Kundendienstes auswirkte.

Aufgrund ihrer Beschäftigung mit dem Unheil verpassen sie Möglichkeiten, Beziehungen zu anderen Unternehmen aufzubauen und Möglichkeiten für Weiterempfehlungen und Cross-Promotion zu schaffen. Sie erzeugen eine sich selbst erfüllende Prophezeiung: Wer will schon mit negativen Menschen Geschäfte machen oder an sie verweisen?

Gleiches zieht Gleiches an. Um gute Menschen und Gelegenheiten anzuziehen, müssen Sie zunächst Positivität ausstrahlen. Achten Sie also in diesem Moment besonders auf Ihre Einstellung und die Ihres Teams. Wenn Sie ein Teamleiter sind, sollten Sie eine konzentrierte Einstellung beibehalten (und Ihre Teammitglieder ermutigen, dasselbe zu tun), damit das Serviceniveau für bestehende und neue Kunden hoch bleibt.

Dies ist heute wichtiger denn je, um sich von der Konkurrenz abzuheben. Mit einer positiven Einstellung werden Sie besser in der Lage sein,

Chancen zu erkennen und zu ergreifen, wenn sie sich bieten. Welche selbsterfüllende Prophezeiung würden Sie sich für Ihr Unternehmen wünschen?

Wiedererlangung der Kontrolle.

Sich auf das zu konzentrieren, was Sie beeinflussen können, ist die beste Methode, um die Kontrolle über Ihr Unternehmen und die Ereignisse um Sie herum wiederzuerlangen. Sie können Ihre Gedanken, Gefühle und Handlungen kontrollieren (auch wie Sie auf Situationen und Menschen reagieren).

Wenn Sie sich auf andere, Ereignisse oder Umstände konzentrieren, die sich Ihrer Kontrolle entziehen, kann das zu Frustration führen. Wenn Sie sich auf das konzentrieren, was Sie unter Kontrolle haben, fühlen Sie sich glücklicher und sind eher in der Lage, die Chancen zu nutzen.

Hier ist ein solider Ansatz, der Ihnen hilft, sich auf Ihre Ziele zu konzentrieren und Maßnahmen zu ergreifen:

1. Denken Sie an ein bevorstehendes Ereignis, vor dem Sie unsicher oder ängstlich sind, z. B. eine Präsentation, eine Beförderung, eine Sitzung usw.

2. Klären Sie, was Sie mit dem Ereignis erreichen wollen.

3. Stellen Sie sich eine Filmleinwand vor und sehen Sie sich selbst als Schauspieler oder Schauspielerin in dem Film, der das zukünftige Ereignis darstellt.

4. Während Sie den Film sehen, stellen Sie sich vor, dass die Situation genau so abläuft, wie Sie es sich wünschen, dass Sie die Gespräche hören, die Sie hören möchten, und die Gefühle erleben, die Sie erleben möchten.

5. Beobachten Sie, wie Sie sich jetzt besser fühlen und sich auf das Ereignis freuen.

Sehr erfolgreiche Unternehmer und Sportler visualisieren mit dieser Strategie ein gutes Meeting oder Spiel. Untersuchungen haben ergeben, dass Sportler, die sich ein erfolgreiches Spiel vorstellen, am Spieltag genauso gut abschneiden wie Sportler, die vor dem Spiel physisch geprobt und trainiert haben.

Stellen Sie sich vor, wie Sie sich fühlen würden, wenn Sie Ihr Leben selbst in die Hand nehmen und sich auf das konzentrieren würden, was Sie kontrollieren können, und welche Auswirkungen dies auf das Wachstum und den Erfolg Ihres Unternehmens hätte!

KAPITEL 8: EHER AKTIV ALS PROAKTIV SEIN.

Die meisten Unternehmen überprüfen in der aktuellen Wirtschaftskrise ihre Ausgaben, sind aber nicht bereit, ihre finanzielle Gesamtsituation neu zu bewerten. Anstatt ihre Geschäftsabläufe oder ihre Reichweite zu ändern, kürzen sie die Kosten, entlassen Mitarbeiter - in der Regel zunächst im Vertrieb - und stecken den Kopf in den Sand, bis sie Anzeichen einer Erholung sehen.

Das ist ein Ansatz, aber möglicherweise nicht der effektivste. Für diejenigen, die für alternative Perspektiven empfänglich sind, gibt es eine andere Möglichkeit, die aktuelle Situation zu betrachten:

Fokus zunächst auf Kundenservice.

Rufen Sie Ihre Kunden an und sprechen Sie mit ihnen über ihre besondere Situation. Fragen Sie, wie sich der wirtschaftliche Abschwung auf ihr

Geschäft auswirken wird, vergleichbar mit einer Diskussion über den 600 Pfund schweren Elefanten in Ihrem Wohnzimmer. Fragen Sie sie, wie Sie ihnen helfen können, ihr Geschäft trotz der Rezession auszubauen. Fragen Sie sie nach ihrem Traumkunden und wie Sie ihm den Einstieg erleichtern können.

Wenn die Wirtschaft in Schwierigkeiten ist, sind Ihre Kunden Ihr größtes Kapital. Sorgen Sie dafür, dass Sie sich um sie kümmern, sonst suchen sie sich vielleicht einen anderen Arbeitsplatz, wenn sich die Wirtschaftslage ändert.

Ihre Bedürfnisse vorhersehen.

In einer Zeit, in der das Geschäft nicht so gut läuft, könnten Sie den Mitarbeitern Ihrer Kunden kostenlose Word-, Outlook- und Excel-Schulungen anbieten. Wenn Sie sich eine Stunde Zeit nehmen, um ein Webinar für Ihre Kunden zu planen, können Sie damit Ihr Engagement und Ihr Einfühlungsvermögen für deren Bedürfnisse unter Beweis stellen.

Vermeiden Sie Entscheidungen, die auf Angst basieren.

Es ist akzeptabel, sich zu verkleinern, aber Sie sollten dies nicht aus Angst tun. Jede Entscheidung, die reaktiv und aus Angst getroffen wird, führt oft nicht zum optimalen Ergebnis.

Historisch gesehen wurden in den 1930er Jahren nach der Börsenkrise mehr Millionäre geschaffen. Warum?

Die Möglichkeit steht zum Verkauf.

Gerade jetzt ist eine ideale Gelegenheit, Ihr Produkt zu variieren. Wenn Sie bisher noch keine Backup-Dienste für Ihre Endkunden angeboten haben, könnte dies eine gute Gelegenheit sein, um eine entsprechende Marketingstrategie zu entwickeln.

Die meisten der Personen, mit denen Sie zusammenarbeiten, wissen, dass sich die Wirtschaft erholen wird. Außerdem sind sie wahrscheinlich sehr daran interessiert, ihre Ineffizienzen zu beseitigen, so dass dies der ideale Zeitpunkt ist, um mit ihnen über die Verbesserung ihrer IT-Effizienz zu sprechen.

Was sind Ihre wichtigsten Anliegen?

Erfinden Sie keine Ausreden. Sowohl Zeitmangel als auch Geldmangel sind nur Ausreden.

Die Hochzeit Ihres besten Freundes steht vor der Tür. Die Hochzeit findet an einem Privatstrand in Hawaii statt. Ihr wohlhabender Freund stellt Ihnen ein Hin- und Rückflugticket und eine Unterkunft am Strand zur Verfügung. Außerdem sind alle Speisen und Getränke kostenlos; Sie müssen nur noch das Flugzeug besteigen. Es gibt nur einen Flug, der um 5:30 Uhr morgens nach Hawaii startet.

Wenn Sie den Flug verpassen, können Sie nicht an der Hochzeit teilnehmen. Oh, und Sie werden 10.000 Dollar dafür kassieren, dass Sie an Bord des Flugzeugs gehen. Es besteht keine Möglichkeit, dass Sie diesen Flug verpassen, es sei denn, Sie haben beschlossen, nicht an der Hochzeit teilzunehmen.

Was ist Ihre Hauptmotivation für Ihr geschäftliches Engagement? Beschäftigen Sie sich regelmäßig mit den profitabelsten Aktivitäten zur Geschäftserweiterung?

Die meisten Menschen werden die Zeit finden, ihren Interessen nachzugehen. Wenn der Aufbau Ihres Unternehmens nicht mehr Ihre Leidenschaft und Ihren Wert darstellt, sollten Sie die Branche verlassen. Ihr Unternehmen ist nur so stabil wie sein schwächstes Glied.

Was ist Ihr wertvollstes Gut?

Sie sollten prüfen, warum Ihr wichtigstes Kapital nicht Ihre Kunden sind.

Die Kontakte, die Sie gepflegt haben, sind Ihre Einkommensquelle und Ihr Marktwissen. Die meisten Unternehmer sind zu Beginn ihrer Unternehmungen sehr erfolgreich, verlieren aber den Anschluss, sobald sie Erfolg haben. Dies ist ein allgemeiner Trend, den ich in allen Branchen beobachte, der aber in der IT-Branche aufgrund des Erfüllungsaspekts der

Dienstleistungserbringung noch verschärft werden kann.

Pflegen Sie die Kommunikation mit Ihren Kunden?

Wenn die Wirtschaft stagniert, ist es für die Unternehmen viel schwieriger, neue Kunden zu gewinnen, und sie glauben, dass es unmöglich ist, neue Unternehmen zu gründen.

Trotzdem stellen die meisten Unternehmen fest, dass es mit einem konsequenten Ansatz leichter ist, neue Kunden zu gewinnen. Wählen Sie eine Aktivität, für die Sie jeden Tag oder jede Woche Zeit einplanen. Führen Sie beispielsweise täglich eine bestimmte Anzahl von Anrufen bei bestehenden Kunden durch oder vereinbaren Sie ein Kaffee- oder Mittagstreffen mit Kollegen.

Verbessern Sie Ihre Marketing- und Vertriebsfähigkeiten.

In der Geschichte unserer Wirtschaft verschlechtern sich die Dinge oft, bevor sie sich verbessern. In der Regel verbessern sie sich jedoch. Es ist wichtig, dass Sie heute hart arbeiten, damit Sie, wenn es wieder aufwärts geht, die Früchte Ihrer Bemühungen ernten können. Die perfekte Verwendung Ihrer Energie und Zeit ist die Verbesserung Ihrer Marketing- und Vertriebsfähigkeiten.

Die meisten IT-Unternehmer würden zugeben, dass sie nicht gut im Verkauf sind, und diejenigen, die behaupten, gut zu sein, sind nicht so gut. Die meisten von uns im Vertrieb haben ständig damit zu kämpfen, sich zu verbessern und typische Fehler zu vermeiden.

Nehmen wir an, Sie lernen jeden Monat einen neuen Ansatz, der Ihnen hilft, ein neues Geschäft abzuschließen. Das sind zwölf neue Abschlüsse pro Jahr, die Sie nicht erhalten hätten, wenn Sie nicht in Verkaufsschulungen investiert hätten. Selbst wenn Sie nur sechs neue Verträge pro Jahr abschließen, ist es ganz klar, dass sich diese Investition sofort auszahlen wird.

Langfristig werden die Unternehmen, die jetzt gut im Marketing sind, erfolgreicher sein.

Die meisten Marketingspezialisten gehen davon aus, dass 17 bis 29 Berührungen erforderlich sind, bevor ein Verbraucher zum Kauf bereit ist. Der optimale Zeitpunkt für die Einführung eines Markierungsplans war vor sechs Monaten; der zweitbeste Zeitpunkt ist jetzt.

Die effektivste Methode zum Aufbau eines neuen Kundenstamms ist der Einsatz von kostengünstigen, hochvolumigen und gezielten Berührungen. Da immer mehr Menschen online recherchieren, wird Ihre Website zum effektivsten Instrument für die Gewinnung neuer Kunden.

Konzentrieren Sie sich auf die Erstellung von Auto-Respondern, die Auswertung von Web-Analysen und automatisierte Marketing-Taktiken, die es Interessenten leicht machen, sich mit Ihren Produkten und Dienstleistungen zu beschäftigen.

KAPITEL 9: STRATEGIEN ZUR UNTERNEHMENSSTABILISIERUNG WÄHREND EINER REZESSION.

Meine Freundin Roseline rief mich gestern an, um meine Meinung zu dem einzuholen, was ihr Buchhalter ihr gerade gesagt hatte. Roseline wurde angewiesen, einen "Überlebensplan" für ihr Unternehmen zu entwickeln. Sie weigerte sich, dies zu tun, und bat mich um meinen Rat und meine Meinung.

Roseline war unglücklich. Ihr Buchhalter riet ihr, nicht nur die Ausgaben zu senken, sondern auch die Entlassung von ein oder zwei Mitarbeitern, die Streichung von Krankheits- und Urlaubstagen und die Kürzung der Löhne aller Mitarbeiter in Betracht zu ziehen.

Sie ist sich bewusst, dass viele Kleinunternehmer diesen Ratschlag derzeit erhalten. Sie wollte jedoch wissen, ob dies der beste Vorschlag ist. Gibt es alternative Ratschläge, die man in Betracht ziehen könnte?

Rezessionen sind in der Regel schwierig. Derzeit überwiegen die Widrigkeiten. Aber eine Rezession gibt Ihnen nicht die Erlaubnis, dramatische Maßnahmen zu ergreifen oder dumme Geschäftsentscheidungen zu treffen. Nein. Jetzt ist der richtige Zeitpunkt, um sorgfältig zu prüfen, welche Schritte notwendig sind, um Ihr Unternehmen zu stabilisieren, ohne sein Wachstum zu behindern.

Bevor Sie einen "Überlebensplan" beschließen, sind Sie es Ihrem Unternehmen schuldig, diese zehn Strategien zu prüfen.

Zehn Strategien zur Stabilisierung Ihres Unternehmens während einer Rezession.

1. Reduzieren Sie nicht Ihre Preise.

Wenn sich die Konjunktur abschwächt, ist eine Preissenkung das Schlimmste, was man als kleines Start-up-Unternehmen tun kann. Viele Kleinunternehmer machen sich Sorgen und senken ihre Preise. Sobald Sie Ihre Preise gesenkt haben, wird es schwieriger, sie in Zukunft zu erhöhen. Die Konjunktur schwankt. Halten Sie Ihre Preise unverändert.

2. Vermeiden Sie tiefe Rabatte.

Wenn Sie Stammkunden normalerweise einen Rabatt von 10 % gewähren und plötzlich einen Rabatt von 20 % anbieten, werden Ihre Kunden davon ausgehen, dass sie jetzt günstigere Preise bekommen können, weil sie wissen, dass Sie das können und auch tun werden. Sie können die Zeit nicht zurückdrehen. Sie möchten nicht, dass dies geschieht. Behalten Sie Ihren Weg bei. Behalten Sie den bestehenden Rabatt bei.

3. Klein denken und groß verkaufen.

Anstatt die Preise zu senken, verpacken findige Kleinunternehmer ihre Produkte und Dienstleistungen neu, um den Kunden niedrigere Preise zu bieten. Dies ist eine kluge Entscheidung. Anstatt die Kosten für Ihre Produkte und Dienstleistungen zu senken, machen Sie sie besser zugänglich, indem Sie sie in kleinere, ansprechendere Behälter verpacken.

4. Andere Zahlungsalternativen anbieten.

Bieten Sie alternative Zahlungsmöglichkeiten an. Einige Kleinunternehmer profitieren davon, ihre Produkte oder Dienstleistungen mit einem erweiterten Zahlungsplan zu bewerben, während diese Strategie nicht für jeden geeignet ist. Vermeiden Sie auch hier eine Preissenkung.

5. Verbessern Sie Ihren Ruf.

Es gibt keinen besseren Zeitpunkt als jetzt, um Ihren Ruf zu kultivieren. Jetzt ist der richtige Zeitpunkt, um eine bekannte Autorität in Ihrem Beruf zu werden, indem Sie ein Buch veröffentlichen, eine wöchentliche Radiosendung moderieren oder auf Branchenveranstaltungen sprechen, falls Sie das noch nicht sind.

Wenn Sie zum Experten werden, erhöht sich Ihr Einkommen, Sie können mehr für Ihre Dienstleistungen verlangen und mehr Menschen dazu bringen, bei Ihnen zu kaufen.

6. Übernehmen Sie die Kontrolle über Ihre Gedanken.

Der erste Schritt besteht darin, zu erkennen, worauf Sie Einfluss haben und worauf nicht. Während Sie die US-Wirtschaft nicht beeinflussen können, haben Sie die Kontrolle über den Grad des Risikos und der Abhängigkeit Ihres Unternehmens von der Wirtschaft. Vor allem in schwierigen Momenten müssen Sie mentale Kontrolle ausüben.

Wählen Sie die Geschäftsstrategie, die Sie anwenden werden, auf der Grundlage dessen, was Sie beeinflussen können.

7. Eine vernünftige Geisteshaltung einnehmen.

Für viele Menschen ist dies eine Zeit der Unsicherheit und Sorge. Das bedeutet jedoch nicht, dass Sie anfangen sollten, emotionale und irrationale Entscheidungen zu treffen. Wenn Sie schon länger ein kleines Unternehmen führen, wissen Sie, dass eine emotionale und irrationale Herangehensweise Sie nicht dorthin gebracht hat, wo Sie heute sind, und Sie auch morgen nicht dorthin bringen wird.

8. Nehmen Sie eine vernünftige Perspektive ein.

Bevor Sie eine wichtige geschäftliche Entscheidung treffen, fragen Sie sich: "Treffe ich eine rationale oder eine emotionale Entscheidung?" Ignorieren Sie, was andere Leute tun. Berücksichtigen Sie die langfristige Rentabilität Ihres Unternehmens, wenn Sie entscheiden, welche Kosten Sie streichen wollen.

9. Ein Auge für Chancen entwickeln.

Der Schlüssel zum Überleben dieser Rezession und früherer wirtschaftlicher Schwierigkeiten liegt darin, einen Blick für Chancen zu entwickeln. Ziehen Sie sich nicht zurück, sondern beginnen Sie, nach Chancen zu suchen. Es sind noch viele vorhanden. Letztendlich werden die Millionäre des Jahres 2012 diejenigen sein, die heute Möglichkeiten erkennen und sie ergreifen.

10. Einen alternativen Denkstil einführen.

Die Medien wollen uns weismachen, dass der wirtschaftliche Abschwung alle und alles bedroht. Das ist einfach nicht der Fall. Um sich über die gegenwärtige Situation hinaus zu entwickeln, müssen Sie über sie hinausblicken.

Denken Sie an die 94 % der Bevölkerung, die beschäftigt sind, und nicht an die 6 %, die arbeitslos sind. Nur weil es in den Vereinigten Staaten eine Rezession gibt, bedeutet das nicht, dass Sie auch eine mentale Rezession erleben müssen. Ändern Sie Ihr Denken. Ändern Sie Ihre Produktion.

Konzentrieren Sie sich auf das, was Sie ausbauen wollen.

Sie haben die gleichen vierundzwanzig Stunden wie alle anderen. Was können Sie in diesen Stunden tun, um Ihr Geschäft auszubauen? Das, worauf Sie sich konzentrieren, wächst. Worauf können Sie sich konzentrieren, um sich zu vermehren, zu erweitern oder zu expandieren? Was können Sie jetzt tun, um Ihr Unternehmen in Zukunft wachsen zu lassen?

Entlassen oder nicht entlassen? Das ist nicht die Frage. Es ist nicht die Antwort, die Arbeitszeit der Mitarbeiter zu reduzieren, Krankheitstage zu streichen oder das Budget zu kürzen, nur weil andere Kleinunternehmer dies tun.

Wir befinden uns in einer Rezession. Wir werden aus der Rezession herauskommen. Bevor Sie "Überlebenspläne" schmieden, sollten Sie diese zehn Strategien zur Stabilisierung Ihres Unternehmens in Betracht ziehen, die Ihren künftigen Erfolg nicht behindern, sondern verbessern werden.

KAPITEL 10: WIE GROSSARTIGE UNTERNEHMEN AUCH IN SCHWIERIGEN ZEITEN FLORIEREN KÖNNEN.

"Rezession" ist eines der am meisten missverstandenen und schädlichsten englischen Wörter! Seine einfache Verwendung ruft bei Kunden und Unternehmen starke emotionale Reaktionen hervor, die von Angst und Pessimismus bis hin zu einem Gefühl des absoluten Scheiterns reichen.

Ja, die derzeitige Konjunkturabschwächung könnte sich verschlimmern, bevor sie sich verbessert. Rezessionen sind jedoch weder von Natur aus negativ noch unerwünscht. Rezessionen sind "kontraktive" Perioden, die uns ermutigen, vorsichtiger mit unseren Finanzen und Ausgaben umzugehen, Verschwendung zu vermeiden und Ressourcen dort zu bewahren, wo sie am dringendsten benötigt werden. Betrachten Sie dies als das Yin und Yang der Wirtschaftszyklen.

Vorsicht! Ihre Überzeugungen über die Rezession können für Ihr Unternehmen tödlich sein.

Unsere Wirtschaft und Unternehmen erleben vergleichbare Boom- und Rezessionsphasen. Viele Menschen, auch Sie, werden durch das Wort "Rezession" traurig oder gelähmt, weil sie ihre Ansichten über die Rezession und die Bedeutung, die sie dem Begriff zuweisen, ändern.

Die Rezession IST nur eine Frage der Perspektive.

Denise Corrupt.

Je nachdem, wie Sie eine Rezession wahrnehmen und darauf reagieren, wird Ihr Unternehmen entweder profitabel wachsen oder ums Überleben kämpfen. Hier finden Sie die sieben wichtigsten Gründe, warum große Unternehmen in einer Rezession florieren, sowie Vorschläge, wie Sie das Gleiche tun können.

Die sieben wichtigsten Gründe, warum großartige Unternehmen auch in Zeiten der Rezession an der Spitze stehen, werden hier erläutert.

1. Die erfolgreichsten Unternehmen verwandeln externe Gefahren in Chancen.

Die Japaner sind Experten im Krisenmanagement und betrachten Ereignisse wie Rezessionen als Gegensätze. Das heißt, sie sind weder ausgezeichnet noch schrecklich, sondern eine Kombination aus beidem. Das japanische Schriftzeichen für "Krise" steht für zwei unterschiedliche Symbole: Gefahr und Chance. Diese Haltung fördert die Empfänglichkeit und nicht die Reaktivität.

Daher konzentrieren sich die Japaner nicht auf das Problem, sondern auf innovative Lösungen. Nicht auf das Überleben, sondern auf das Wachstum. Nicht auf kurzfristige Verluste, sondern auf langfristige Chancen.

Wie sehen Sie die derzeitige Wirtschaftsflaute - als Bedrohung oder als Chance? Wie haben Sie auf frühere Konjunkturabschwünge reagiert?

Wie kann die Rezession eine Chance für Ihr Unternehmen sein?

2. Bemerkenswerte Unternehmen nutzen die Vorteile der sich verändernden Marktdynamik und profitieren davon.

Ein Unternehmen kann sich in einer Rezession entwickeln und Gewinne erzielen, wenn es die zugrunde liegende Marktdynamik versteht. Krisen führen in der Regel dazu, dass sich die Menschen verändern. Die Herausforderung besteht darin, schnell und direkt auf diese Veränderungen zu reagieren. Um aus diesen Trends Kapital zu schlagen, ist es wichtig, die fünf "W's" zu beachten.

WHO.

Wer kauft derzeit? Die Kaufgewohnheiten entwickeln sich, ändern sich und richten sich häufiger neu aus, als sie abnehmen. Auch wenn die Gesamtausgaben zurückgehen, können diese Trends nicht für alle Branchen und Geschäftsbereiche verallgemeinert werden. Welche aufstrebenden neuen Märkte können Sie ansprechen?

WAS.

Welche Anforderungen und Vorteile sind für Ihre Kunden derzeit am wichtigsten? Gibt es neue Produkte oder Dienstleistungen, die diese Veränderungen aufgreifen oder eine Alternative zum bestehenden Angebot darstellen könnten?

WENN.

Welche Bedürfnisse muss der Kunde sofort und nicht erst später befriedigt haben? Welche einzigartigen Anreize werden die Verbraucher dazu bewegen, heute zu kaufen?

WHERE.

Während einer Rezession überdenken die Kunden häufig ihre Kaufpräferenzen. Bei welchen Anbietern kaufen sie derzeit ein? Wie können Ihre Produkte für Ihre Zielgruppe zugänglicher gemacht werden?

WARUM.

Das "Warum" befasst sich mit den zugrunde liegenden Kaufmotivationen der Kunden. Welche Faktoren beeinflussen derzeit die Kaufentscheidungen der Verbraucher? Welche Erwartungen haben die Kunden für die Zukunft? Wie wirken sich diese Erwartungen auf ihr derzeitiges Kaufverhalten aus?

3. Große Unternehmen verwandeln "schlechte" Umstände in gute Entwicklungen.

In Zeiten des wirtschaftlichen Abschwungs suchen erfolgreiche Unternehmen nach "dem Silberstreifen in der Wolke" und mobilisieren ihre Ressourcen, um diese Chancen zu nutzen. Sie reagieren nicht, sondern agieren.

Die Gewinner wissen, dass ihre Zukunft nicht von äußeren Ereignissen abhängt, sondern davon, wie sie darauf reagieren. Sie konzentrieren sich auf das, was sie kontrollieren können, und reagieren proaktiv auf das, was sie nicht kontrollieren können.

Welche proaktiven Schritte können Sie unternehmen, anstatt auf den wirtschaftlichen Abschwung zu reagieren? Wie könnten Sie Ihre Ressourcen effektiver einsetzen, um ungenutzte Wachstums- und Gewinnchancen zu nutzen?

4. Großartige Unternehmen schaffen Möglichkeiten für neues Wachstum, indem sie marginale oder nutzlose Vermögenswerte "entrümpeln".

In Zeiten der Expansion und des Fortschritts ist es leicht, süchtig nach übermäßigen Ausgaben, "Übertreibungen" und Selbstüberschätzung zu werden. Oft werden schlampige Verhaltensweisen, Einstellungen und Gewohnheiten verheimlicht. Unternehmen vernachlässigen häufig wichtige Grundlagen und "Verschwendung".

Großartige Unternehmen nutzen schwache Zeiten, um sich von "Überflüssigem" zu befreien, d. h. von Zeit, Geld oder Personal, das wenig oder gar keinen Gewinn abwirft. Sie schaffen Raum für weitere Expansion und Einnahmen. Um ihr Bestes zu geben, konzentrieren sie sich auf ihre Stärken.

Welche Ausgaben, Projekte oder Aktivitäten zehren an den Ressourcen Ihres Unternehmens? Welche Artikel, Dienstleistungen oder Verbraucher behindern den Gewinnfluss und müssen beseitigt werden? Welches betriebliche "Fett" müssen Sie abschneiden, um ein schlankes und rentables Unternehmen zu werden, insbesondere in der derzeitigen Wirtschaftskrise?

5. Große Unternehmen trainieren ihre Widerstandsfähigkeit, um in schwierigen Zeiten erfolgreich zu sein.

Beschleunigter Wandel, zunehmende Komplexität und eskalierende Gefahren sind zur neuen Unternehmensrealität des 21. Jahrhunderts geworden. Ein Unternehmen muss

Widerstandsfähigkeit entwickeln, um externe Schocks, die ihm schaden können, zu überstehen.

Resilienz ist zunächst einmal eine Mentalität. Resilienzdenken verwandelt Zweifel in Gewissheit, Angst in Handeln und Not in einen Vorteil. Auf organisatorischer Ebene resultiert Resilienz aus einer robusten Kultur, die sich auf operative Flexibilität, Loyalität der Mitarbeiter und Teamarbeit konzentriert.

Großartige Unternehmen erholen sich nicht einfach von einer einzelnen Krise oder einem Rückschlag. Sie entwickeln ihre Widerstandsfähigkeit. Sie entwickeln die Fähigkeit, das Unvorhergesehene zu antizipieren und Geschäftsmodelle und Taktiken ständig neu zu erfinden, wenn sich die Bedingungen ändern.

Wie widerstandsfähig ist Ihr Unternehmen, wenn es darum geht, sich von Krisen oder Rückschlägen zu erholen (auf einer Skala von 1 bis 10)?

Welche Maßnahmen können Sie heute ergreifen, um Ihre Fähigkeit zu verbessern, das Unerwartete zu antizipieren und morgen darauf zu reagieren?

6. In Zeiten des wirtschaftlichen Abschwungs positionieren sich große Unternehmen aggressiv vor der Konkurrenz.

Die meisten Unternehmen gehen in die Defensive, um den wirtschaftlichen Abschwung zu überstehen, indem sie ihre Ausgaben kürzen, ihre Marketinganstrengungen reduzieren und ihre Produkte und Dienstleistungen zu Massenprodukten machen.

Großartige Unternehmen hingegen tun das Gegenteil. Sie positionieren sich so, dass sie während einer Rezession erfolgreich sind, indem sie ihre Werbeaktionen verstärken, die Einführung neuer Produkte beschleunigen und ihre Sichtbarkeit aufrechterhalten. Indem sie die sich bietenden Chancen nutzen, heben sich die Unternehmen während der Rezession von der Konkurrenz ab und positionieren sich für ein exponentielles Wachstum, sobald sich die Wirtschaft erholt.

Nimmt Ihr Unternehmen derzeit eine offensive oder defensive Haltung ein? Welche drei aggressiven Methoden könnte Ihr Unternehmen anwenden, um seine Marktpräsenz zu erhalten? Wie können die defensiven Reaktionen Ihrer Konkurrenten Ihnen neue Wachstums- und Gewinnchancen bieten?

7. Bemerkenswerte Unternehmen entdecken das "Lernen" und den "größeren Zweck", die in schwierigen Situationen verborgen sind.

Unsere größten Hindernisse sind unsere wertvollsten Lehrmeister. Ihr "größerer Zweck" besteht darin, unsere Gedanken, Verhaltensweisen, Taktiken und Aktivitäten zu beeinflussen, um unsere zukünftige Entwicklung zu fördern.

Unternehmen, die durch eine Rezession geschädigt werden, können den größeren Zweck, den eine solche Periode haben könnte, nie begreifen.

Stattdessen sehen sie nur das Negative, reagieren aus Angst und nehmen eine Opfermentalität an.

Im Gegensatz dazu betrachten großartige Unternehmen Rezessionen als Lernchancen. Sie erkennen an, dass die Gedanken und Techniken der Vergangenheit nicht ausreichen, um die Probleme von heute zu bewältigen.

Rezessionen ermutigen diese Unternehmen, näher an ihre Kunden heranzurücken, ihren Kurs neu zu bewerten und innovative Maßnahmen zu ergreifen. Ihr Aufstieg an die Spitze ist häufig das Ergebnis ihrer Ideen, Einstellungen und Antworten auf solche schwierigen Umstände.

Inwiefern behindern Ihre Gedanken und Strategien von gestern Sie heute? Welche neuen Perspektiven und Verhaltensweisen müssen Sie sich zu eigen machen, um in der derzeitigen Wirtschaftskrise erfolgreich zu sein? Wie könnte sich Ihr Unternehmen durch die Rezession verbessern?

Eine Rezession kann ein wahrer Segen sein, wenn man sie im richtigen Kontext betrachtet. Mindestens 85 Prozent des Überlebens oder Erfolgs Ihres Unternehmens während einer Rezession liegen in Ihrer Hand. Sie haben es in der Hand, wie Sie die Situation wahrnehmen, wie Sie darauf reagieren, wie Sie daraus lernen und sich weiterentwickeln. Diejenigen Unternehmen, die erfolgreich sind, werden an die Spitze aufsteigen. Werden Sie sich in deren Reihen einreihen?

KAPITEL 11: IHR GESCHÄFT UNABHÄNGIG VON DEN MARKTBEDINGUNGEN AUSBAUEN.

Die Menschen hier werden zu kleinen Eichhörnchen. Sie sammeln ihre Nüsse und Samen in Vorbereitung auf den "Frühling". Weil sie nicht mit nichts dastehen wollen, wenn sich die Wirtschaft erholt, verzichten sie auf Möglichkeiten, ihre verbleibenden Ressourcen zu bewahren. Das ist zum jetzigen Zeitpunkt der falsche Weg. Die Menschen sollten ihren finanziellen Status stärken, aber nicht ihr Geld im Bett verstecken und den Kopf in den Sand stecken.

Auf die Rezession vorbereiten.

Erstellen Sie in einem ersten Schritt einen klaren und präzisen Plan, der Ihre Ziele für die nächsten drei Jahre umreißt. Fügen Sie Ihrem Plan eine umfassende Momentaufnahme Ihrer derzeitigen finanziellen Situation bei.

Sie haben einiges zu tun, wenn Sie Ihre monatlichen Einnahmen und Ausgaben noch nicht erfasst haben. Bevor Sie Ihre aktuelle Situation nicht kennen, können Sie keine Änderungen vornehmen. Nachdem Sie eine Ausgangsbasis geschaffen haben, können Sie entscheiden, wo Sie in drei Jahren stehen wollen.

Überlegen Sie, wie viel Geld Sie verdienen möchten und welche Dinge Sie in Ihrem Leben gerne hätten, z. B. ein neues Auto, ein Haus, Spielzeug, Spenden für wohltätige Zwecke, Geld für die Schule Ihres Kindes usw. Sobald Sie diese Faktoren bedacht haben, berechnen Sie die Kosten, die mit jedem von ihnen verbunden sind.

Anhand Ihrer aktuellen finanziellen Situation und Ihrer "Traum"-Liste können Sie ermitteln, wie viel Sie in den nächsten drei Jahren verdienen müssen, um Ihre Ziele zu erreichen. Je mehr Geld Sie sich wünschen, desto mehr Leistung oder "Aufwand" werden Sie erbringen müssen.

Umsetzung des Plans.

Sie sollten in Ihren Plan den Abbau von Schulden und den Aufbau von Vermögen einbeziehen. Verteilen Sie Ihr vorhandenes Geld auf diese Ziele in einer Weise, die für Sie angenehm ist. Planen Sie einen monatlich wiederkehrenden Betrag ein, wenn Sie ein Geschäfts- oder Anlagekonto eröffnen.

Wenn Sie sich nur auf den Schuldenabbau konzentrieren, werden Sie so lange nach Geschäftsmöglichkeiten suchen, bis alle Ihre Schulden abbezahlt sind. Dieser Kreislauf ist ineffektiv. Ohne finanzielle Mittel werden Sie nie in der Lage sein, an Ihren Zielen und Bestrebungen zu arbeiten.

Wir alle kennen den Schuldenkreislauf. Gerade als Sie dabei sind, Ihre Schulden zu tilgen, geht das Auto kaputt oder jemand braucht eine Zahnspange.

Sie können investieren und Ihr Unternehmen ausbauen, indem Sie monatlich Geld auf einem vermögenswirksamen Konto ansparen.

Vorwärts gehen, während andere sich zurückziehen.

Wenn Ihr Vermögenskonto wächst, sollten Sie nach Angeboten und Gelegenheiten Ausschau halten, um Ihr Geschäft zu erweitern oder ein neues zu gründen. Ein Beispiel wäre derzeit die Beratung von Arbeitssuchenden. Da der Arbeitsmarkt schrumpft, brauchen immer mehr Menschen Unterstützung, um sich von anderen Bewerbern zu unterscheiden.

Es gibt viele Methoden, mit denen ein Unternehmer Menschen bei der Arbeitssuche und -vergabe helfen kann. Sie müssen auch nach neuen Ansätzen Ausschau halten, um die Dinge zu verbessern, die Sie häufig einsetzen. Neue und verbesserte Produkte werden immer einen Markt finden. Achten Sie auch auf das Marktverhalten von Millionären und vor allem von Milliardären.

In Zeiten wirtschaftlicher Turbulenzen häufen viele Menschen immense Reichtümer an. Wenn Sie sehr aufmerksam sind, werden sie Ihnen eine Fülle von Informationen über zuverlässige Unternehmen und Bereiche liefern, in die zu investieren sich lohnen würde. Es hängt alles davon ab, wie Sie denken und wie gut Sie darauf vorbereitet sind, Hindernisse zu überwinden.

Verbesserung Ihrer Fähigkeiten und Einstellung.

Die Erweiterung Ihres Wissens und vor allem Ihres Selbstbewusstseins ist eines der wichtigsten Dinge, die Sie tun können, um Ihre Verdienstmöglichkeiten zu verbessern. Jede Woche ein Buch zu lesen oder einen motivierenden Film zu sehen, könnte Ihnen das Selbstvertrauen geben, Ihre Ziele zu verfolgen.

Wenn Sie nur herumsitzen und über die Wirtschaft jammern, passiert nichts. Menschen, die sich nicht scheuen, in sich selbst zu investieren und zu handeln, während andere sich vor der Welt verstecken, werden in dieser neuen Ära belohnt werden.

Überlegen Sie schließlich, welche Art von Leben Sie anstreben und wie Sie es bereits führen. Glauben Sie, dass Ihre derzeitigen Gewohnheiten, Aktivitäten und Ideen mit dem Leben, das Sie gestalten möchten, übereinstimmen? Was können Sie tun, um diese drei Elemente in Einklang zu bringen?

Sobald Sie Ihre Gewohnheiten, Handlungen und Überzeugungen ändern, wird sich Ihr gesamtes Leben verändern, und Sie werden in der Lage sein, den Wohlstand zu schaffen, den Sie verdienen.

Schließlich sollten Sie sich überlegen, welches Leben Sie anstreben und wie Sie es bereits leben.

Glauben Sie, dass Ihre bestehenden Gewohnheiten, Aktivitäten und Ideen mit dem Leben, das Sie erschaffen möchten, übereinstimmen?

Welche Schritte können Sie unternehmen, um diese drei Elemente in Einklang zu bringen?

Sobald Sie Ihre Gewohnheiten, Handlungen und Überzeugungen ändern, wird sich Ihr gesamtes Leben verändern, und Sie werden in der Lage sein, den Wohlstand zu schaffen, den Sie verdienen. Setzen Sie sich ein tägliches Ziel, etwas Neues aus diesen Büchern zu lernen. Es wird Ihre Weltanschauung verändern.

KAPITEL 12: KONZENTRATION AUF INNOVATION, NICHT AUF REZESSION.

Die Welt hat sich gerade weiterentwickelt. Die alte Welt der Finanzdienstleistungen existiert nicht mehr, und infolgedessen sind viele der Beschäftigungsaussichten, die Sie verfolgt haben, vielleicht verschwunden.

Die Beförderung, die Sie anstrebten, gibt es vielleicht nicht mehr. Der Bonus, für den Sie neun Monate lang geschuftet haben, wird vielleicht nicht mehr gezahlt. Vielleicht gibt es die Bank, bei der Sie arbeiten wollten, gar nicht mehr. Die langfristige Strategie, die Ihnen vorschwebte, kann plötzlich unrealistisch erscheinen.

Bedeutet das nur Schwarzmalerei und Untergang? Für bestimmte Personen vielleicht. Aber für diejenigen, die vorausschauend denken, ist dies eine fantastische Gelegenheit, sich neu zu erfinden, anstatt sich über all die Nachrichtenberichte über Rezession und Niedergang aufzuregen.

Während Finanzinstitute den mühsamen Prozess durchlaufen, sich neu zu erfinden, um den Anforderungen einer Welt mit mehr Regulierung, geringeren Gewinnen und langsamerem Wachstum gerecht zu werden, sollten Sie sich darauf konzentrieren, sich und Ihre Karriere neu zu erfinden, unabhängig davon, ob Sie von Umstrukturierungen und Entlassungen betroffen sind.

Im Laufe meiner Karriere habe ich mich dreimal neu erfunden. Jedes Mal war ein schwieriger Markt der Auslöser. Jedes Mal stellte sich das schwierige Ereignis als das Beste in meinem Berufsleben heraus.

Auch wenn es sich im Moment nicht so anfühlt, könnte der aktuelle Markt das Beste sein, was Ihnen je passiert ist.

Hier sind fünf Strategien, die ich entdeckt habe, um Ihren Beruf in einer schwierigen Wirtschaftslage neu zu gestalten:

1. Bleiben Sie auf dem Laufenden (im Rahmen der Möglichkeiten)

Sie sollten sich darüber im Klaren sein, was auf dem Markt passiert, um sich an die sich ständig ändernden Anforderungen anzupassen. Aber Sie müssen nicht jede geschriebene düstere Prognose lesen.

Der übermäßige Konsum apokalyptischer Nachrichtenartikel und beängstigender Prophezeiungen wird Sie vor Angst lähmen und dazu veranlassen, nichts zu tun. "Nichtstun" ist eine schlechte Strategie in einer Welt, in der sich alles schnell verändert.

2. Konzentrieren Sie sich auf Ihre Vorteile.

Jede Bank rationalisiert ihren Betrieb, um sich auf ihre Kerntätigkeit zu konzentrieren, in der sie ideal positioniert ist, um dem Markt den größten Nutzen zu bieten. Genau das sollten Sie jetzt tun: Sie sollten sich darauf konzentrieren, sich um Ihre wichtigsten Vorzüge und besonderen Fähigkeiten herum neu zu erfinden und diese dann Organisationen (Ihren eigenen und anderen) zur Verfügung zu stellen, die davon profitieren können.

3. Fokus auf Spaß.

Sie haben richtig gelesen: "Spaß".

Der Versuch, sich in eine Rolle hineinzudenken, von der Sie glauben, dass Sie sie spielen sollten, oder von der andere glauben, dass sie "gut für Sie wäre", ist keine gute Idee. Jeder Veränderungsprozess ist mit mühsamen Anstrengungen, Hindernissen und Rückschlägen verbunden. Wenn Sie etwas anstreben, für das Sie wenig Leidenschaft empfinden, haben Sie nur geringe Chancen, Rückschläge zu überwinden oder Hindernisse zu überwinden.

Konzentrieren Sie sich stattdessen darauf, Rollen zu finden, die Aktivitäten beinhalten, die Ihnen Spaß machen. Jobs, die die Fähigkeiten nutzen, die Sie gerne einsetzen, und die es Ihnen ermöglichen, mit Menschen zusammenzuarbeiten, mit denen Sie gerne zu tun haben.

4. Deutlich mehr experimentieren.

Manche Menschen wissen, dass sie sich selbst und ihren Arbeitsplatz verändern wollen, aber sie wissen nicht, wie.

Aber ich verrate Ihnen ein Geheimnis: Sie brauchen es nicht zu wissen. Die einzige Möglichkeit, die Antwort zu finden, besteht darin, Experimente durchzuführen. Beobachten Sie jemanden, bieten Sie Ihre Dienste als Freiwilliger an, und probieren Sie verschiedene Berufe aus. Beobachten Sie dann, wovon Sie sich angezogen fühlen. Das, was Sie anzieht, ist in der Regel ein guter Indikator für die Art von Tätigkeit, in die Sie wechseln sollten.

5. Konzentrieren Sie sich weiterhin auf den Traum.

Die meisten Menschen haben mindestens einen Traum. Eine Vision oder einen großen Plan für ihren gewünschten zukünftigen Lebensstil. Es ist etwas, das sie gleichzeitig erfreut und erschreckt. Dies ist der Moment, diesem Traum Aufmerksamkeit zu schenken. Ein schwieriger Markt ist eine Gelegenheit, Ihren Traum zu verwirklichen; Innovation ist das Fahrzeug, das Sie viel schneller dorthin bringt, als Sie es sich je erträumt haben.

Sagen Sie mir, welchen Traum haben Sie immer für sich behalten? Wie können Sie den Prozess der Neuerfindung, den Sie jetzt in Angriff nehmen, nutzen, um Ihrer überzeugenden Vision auf der Spur zu bleiben? Können Sie jetzt mit der Aktion fortfahren?

Ihre Forschung.

Planen Sie in den nächsten Tagen 60 Minuten in Ihrem Kalender ein, um diese Liste auszuwerten und mit Ihrer Neuerfindung zu beginnen. Bevor Sie antworten: "Ich habe keine Zeit", möchte ich Sie daran erinnern, dass es nicht um "Zeit" geht, sondern um Prioritäten. Jetzt ist der perfekte Zeitpunkt, um sich selbst an die erste Stelle zu setzen und in Ihre persönliche Entwicklung zu investieren, um sicherzustellen, dass Sie auf einen neuen Markt vorbereitet sind.

Das Wort "Neuerfindung" klingt wie ein Begriff, der für Politiker, Künstler und Unterhaltungsfiguren reserviert ist. Das ist jedoch nicht der Fall. Wir alle erfinden uns im Laufe unseres Lebens und unserer Arbeit neu. Der Prozess der Neuerfindung ist für Ihr Wachstum und Ihre Entwicklung unerlässlich. Was Ihre Karriere betrifft, so wechseln Sie lediglich von einem KAPITEL zum nächsten.

In der globalisierten und vernetzten Welt, in der wir heute leben, ist die Umstrukturierung ein Teil der Karriere eines jeden. Infolgedessen werden wir alle wesentlich mehr Karriere-KAPITELs haben als frühere Generationen. Folglich werden Sie vielleicht viel mehr Geschichten haben, die Sie Ihren Enkeln erzählen können, wenn Sie in Rente gehen.

Auch wenn sich die Finanzwelt in den letzten zwei Wochen verändert hat, sollten Sie die aktuelle Lage der Branche und der Wirtschaft als Chance betrachten, die nächste Phase Ihrer Karriere einzuleiten. Eine Chance, Ihre eigene Geschichte zu schreiben, anstatt sie von Ihrem Arbeitgeber oder Schlagzeilenschreibern für Sie schreiben zu lassen.

KAPITEL 13: STRATEGIEN ZUR STEIGERUNG DES ABSATZES WÄHREND EINER REZESSION.

Die Menschen und Unternehmen haben nicht völlig aufgehört, Geld auszugeben. Sie sind lediglich anspruchsvoller und risikoscheuer in ihren Kaufentscheidungen.

Wenn Sie diese vier klugen Techniken zur Bekämpfung der Rezession anwenden, werden Sie sie unbeschadet überstehen.

Vier Marketing-Strategien, die der Rezession trotzen.

1. Bieten Sie ein risikofreies Einführungsangebot an. Der Online-Einkaufswagen, den ich verwende, bietet zum Beispiel eine kostenlose 30-tägige Testphase. Sie

können sich anmelden, den Warenkorb konfigurieren und ihn bis zum 30. (Zu diesem Zeitpunkt sind Sie süchtig!)

Der Käufer kann alle Artikel vor dem 30. Tag zurückgeben, ohne dass ihm Kosten entstehen. Bei nichtmonatlichen Dienstleistungen können Sie die Kreditkartendaten des Kunden oder einen Scheck im Voraus einholen und garantieren, die Karte nicht zu belasten oder die Rechnung zurückzugeben, wenn der Kunde nicht zufrieden ist.

2. Erstellen und vermarkten Sie Informationsartikel. Informationsprodukte bieten potenziellen Kunden eine risikoarme und unverbindliche Möglichkeit, einen Anbieter kennen zu lernen und ihm schließlich zu vertrauen. Sie können sie an Heimwerker verkaufen, die sich einen umfassenden Service nicht leisten können, und an Stammkunden, die sich über ein neues Thema informieren möchten.

Die Informationsprodukte bieten nicht nur eine weitere Einnahmequelle während der Krise, sondern werden dies auch weiterhin tun, wenn sich die Wirtschaft erholt (was sicherlich der Fall sein wird), ohne dass weitere Anstrengungen erforderlich sind. Fangen Sie klein an, z. B. mit kurzen, herunterladbaren Berichten oder Audioaufzeichnungen von Experteninterviews, um innerhalb weniger Wochen verkaufsfertig zu sein.

3. Ermitteln Sie ihren Puls. Was brauchen Ihre Kunden am dringendsten?

Achten Sie auf die Welt. Beobachten Sie die Beschwerden, Fragen und Wünsche Ihrer Zielgruppe in E-Mail-Diskussionsgruppen und Online-Foren. Fügen Sie ein neues Produkt oder eine neue Dienstleistung hinzu oder ändern Sie ein bestehendes Produkt oder eine bestehende Dienstleistung auf der Grundlage Ihrer Erkenntnisse über deren Probleme.

Nehmen wir an, Sie stellen fest, dass in Finanzforen mehr Fragen als sonst von Paaren gestellt werden, die kurz vor der Pensionierung stehen, oder von Eltern mit mehreren Kindern in der Ausbildung. Sie könnten ganz einfach Seminare, Berichte und

Telefon-Hotline-Sprechstunden entwickeln, die auf diese speziellen Gruppen zugeschnitten sind.

4. Pflegen Sie die Öffentlichkeitsarbeit. Investieren Sie ein wenig Mühe, um zu verstehen, was in den Augen der Medien den Nachrichtenwert ausmacht, und nutzen Sie Pitch Letters und Pressemitteilungen, um für Ihr Unternehmen oder sich selbst zu werben. Um in den Medien präsent zu sein, rufen Sie einfach die Nachrichtenredaktion Ihrer Stadtzeitung oder Ihres Fernsehsenders an und erklären Sie, warum Sie der lokale Aspekt des heutigen wichtigen Themas sind.

Während einer Rezession ist die Chance auf 15 Minuten Ruhm größer, weil Ihre Konkurrenten möglicherweise ihre PR-Agentur reduziert haben. Googeln Sie "press release makeover service", um einen kostengünstigen Kompromiss zwischen der Erstellung Ihrer Pressemitteilungen und der Beauftragung einer anderen Agentur zu finden, die dies für Sie übernimmt.

Anstatt auf Menschen zu hören, die herumlaufen und jammern, dass der Himmel einstürzt, könnten Sie diese rezessionssicheren Methoden anwenden. Sie werden auf die Zeiten des Untergangs mit einem Lächeln und einem großen Geldbeutel zurückblicken.

SCHLUSSFOLGERUNG.

Überall hört man, dass die Wirtschaft entweder in eine Rezession gerät, am Rande einer Depression steht oder sich in einer Rezession befindet. Das ist genug, um einen in den Wahnsinn zu treiben. Es stimmt zwar, dass es heute finanzielle Schwierigkeiten in der Welt gibt, aber es stimmt auch, dass die ständige Diskussion über Finanzkatastrophen zur Entstehung dieser Zustände beiträgt.

Wenn die Menschen immer nur hören, wie schlecht es um die Wirtschaft bestellt ist, dass Entlassungen bevorstehen und dass wir monatelang, wenn nicht sogar jahrelang, Geldprobleme haben werden, dann zögern sie, Geld auszugeben. Wenn die Menschen kein Geld ausgeben, geht es mit der Wirtschaft bergab. Es handelt sich um eine sich selbst erfüllende Prophezeiung.

Wie können Sie mit diesen schwierigen wirtschaftlichen Umständen, mit denen wir alle konfrontiert sind, richtig umgehen? Hier sind einige hilfreiche Vorschläge.

Halten Sie sich von der Angst und dem Untergang in den Medien fern.

Normalerweise sehe ich die Nachrichten im Fernsehen oder höre sie während der Fahrt. Die häufige Flut negativer Informationen machte es mir unmöglich, hinsichtlich meiner finanziellen Situation optimistisch zu bleiben. Ich wurde immer besorgter, was die Zukunft betraf. Ich habe beschlossen, mich von den Medien abzukoppeln. Ich weigere mich, zu lesen oder zu hören, wie schrecklich die Dinge sind. Infolgedessen bin ich wesentlich positiver, was meine Zukunft angeht.

Wenn Sie über die derzeitige Situation in der Welt besorgt sind, können Sie Publikationen meiden, die ständig behaupten, das Ende der Welt stehe unmittelbar bevor. Machen Sie sich keine Sorgen - Sie werden informiert, wenn etwas wirklich Bedeutendes passiert.

Erkennen Sie, dass Ihr Erfolg nicht das Ergebnis eines Zufalls ist.

Der Erfolg, den Sie derzeit haben, ist das Ergebnis dessen, was Sie sind. Er ist nicht zufällig. Er ist nicht nur eine Frage des Glücks, denn Sie haben sich bemüht, Werte für andere zu schaffen und ernten nun die Früchte Ihrer Bemühungen.

Die Tatsache, dass sich die wirtschaftlichen Bedingungen ändern, bedeutet nicht, dass Ihr Erfolg unter Ihnen verschwinden wird. Sie haben ein Erfolgsbewusstsein, das Ihnen helfen wird, in dem sich ständig ändernden wirtschaftlichen Klima erfolgreich zu sein.

Ein altes Sprichwort besagt, dass die Milliardäre, wenn man das ganze Geld nehmen und gleichmäßig aufteilen würde, schnell wieder zu Millionären werden würden, weil sie ein Erfolgs- und Wohlstandsbewusstsein haben. Ihr Erfolg ist das Ergebnis Ihres Bewusstseins; niemand kann ihn Ihnen wegnehmen, es sei denn, Sie erlauben es ihm.

Stellen Sie sich Ihren anhaltenden Erfolg vor.

Halten Sie sich ein Bild von sich selbst als erfolgreicher Mensch vor Augen. Beobachten Sie, wie andere Ihnen hervorragende Gelegenheiten bieten, die zu reichlich Belohnungen führen. Erscheint das unglaublich? Ist es aber nicht. Es ist eine äußerst wirksame Erfolgstechnik. Ralph Waldo Emerson sagte: "Wir werden zu dem, worüber wir den ganzen Tag nachdenken".

Wir alle handeln so, wie wir uns selbst in unserem Kopf wahrnehmen. Wenn Sie ein geistiges Bild von Ihrer Leistung aufrechterhalten, signalisieren Sie anderen unbewusst, dass Sie erfolgreich sind. Ihr anhaltender Wohlstand wird sich unweigerlich einstellen.

Es ist nicht einfach, aber es lohnt sich.

Wenn Sie glauben, dass dies einfach ist, irren Sie sich. Bei all dem Gerede über den Rückgang des Immobilienmarktes bin ich vielleicht verrückt. Es ist aber durchaus denkbar. Meine eigene Erfahrung und die Erfahrungen anderer erfolgreicher Menschen haben mir jedoch gezeigt, dass wir unser Schicksal selbst in der Hand haben, wenn wir unseren Verstand steuern.

Laut William James ist "die größte Revolution unserer Zeit die Erkenntnis, dass die Menschen die äußeren Merkmale ihres Lebens ändern können, indem sie die innere Einstellung ihres Geistes ändern." Das war richtig, als William James es sagte, und ist auch heute noch richtig. Machen Sie Ihre Einstellung rezessionssicher, damit Sie weiterhin alles genießen können, was das Leben zu bieten hat.

Management-Fähigkeiten für Führungskräfte.

- Zeitmanagement für Manager
- Mitarbeiter-Coaching für Manager
- Teambildung für Manager
- Selbstvertrauen für Manager
- Verhandlungsgeschick für Manager
- Kundenservice-Fähigkeiten für Manager
- Durchsetzungsvermögen für Manager
- Business-Etikette für Manager
- Zuhören können für Manager
- Führungsqualitäten für Manager
- Kommunikationsfähigkeiten für Manager
- Präsentationstechniken für Manager
- Stressmanagement für Manager
- Entscheidungsfindung für Manager
- Konfliktmanagement für Manager.

Serie: Finanzielle Freiheit in jedem Alter.

- Finanzielle Freiheit in den 20ern erreichen
- Finanzielle Freiheit in den 30er Jahren
- Finanzielle Freiheit in den 40ern erreichen
- Finanzielle Freiheit in den 50ern erreichen
- Erreichen der finanziellen Freiheit in den 60ern
- Finanzielle Freiheit in den 70ern und darüber hinaus.
- Finanzielle Freiheit bei Kindern erreichen
- Finanzielle Freiheit bei Teenagern erreichen
- Finanzielle Freiheit bei Studenten erreichen.
- Finanzielle Betrügereien, vor denen man sich im Ruhestand in Acht nehmen sollte.

Serie: Persönliche Finanzen für Sie.
- ➢ Kauf und Verkauf von Kryptowährungen für Anfänger
- ➢ Warum es Sinn macht, in Dividendenaktien zu investieren.

Serie: Reichtum 2022.

- ➢ Online-Unternehmertum.
- ➢ Ihr eigenes Unternehmen gründen
- ➢ Vermögensverwaltung
- ➢ Passives Einkommen.
- ➢ 12 Schritte zur Gründung Ihres eigenen Unternehmens.

Serie: Exzellenter Kundenservice.
- ➢ Exzellenter Kundenservice im Einzelhandel
- ➢ Exzellenter Kundenservice im Fast-Food-Bereich
- ➢ Exzellenter Kundenservice im Full-Service-Restaurant
- ➢ Exzellenter Kundenservice in der Lehre.
- ➢ Exzellenter Kundenservice in der Immobilienbranche
- ➢ Exzellenter Kundenservice in einem Call Center
- ➢ Exzellenter Kundenservice als Rezeptionist

- Exzellenter Kundenservice in einem Hotel
- Exzellenter Kundenservice im Verkauf
- Exzellenter Kundenservice in jeder Situation.
- Exzellenter Kundenservice in der Zahnarztpraxis
- Exzellenter Kundenservice in der Arztpraxis.

Serie: Schnelles Geld.

- Schnelles Geld in einer Woche
- Schnelles Geld an einem Wochenende
- Schnelles Geld in einem Monat
- Schnelles Geld für Studenten.

Serie: Wie man Werbung macht.

- Wie Sie Ihr Rezeptbuch promoten
- Wie Sie für Ihr Kinderbuch werben.

Andere Bücher von D.K. Hawkins.

- Wie Sie Ihr Unternehmen während einer Rezession zum Erfolg führen
- Mehrwerte für Kunden schaffen
- Erkennen von Möglichkeiten zur Steigerung des Cashflows.
- Rezessionen sind die Zeit, in der Millionäre und Milliardäre geschaffen werden.

Autor Bio

D.K. Hawkins. D.K. liest gerne persönliche Geschäftsbücher und verbringt Zeit in der Natur. Es werden noch mehr Bücher in dieser Sammlung erscheinen, also folgen Sie bitte auf Amazon für weitere Bücher.

Vielen Dank, dass Sie dieses Buch gekauft haben.

Ich weiß es wirklich zu schätzen und schätze Sie, meinen hervorragenden Kunden.

Gott segne Sie.

D.K. Hawkins.

www.ingramcontent.com/pod-product-compliance
Lightning Source LLC
Chambersburg PA
CBHW050009230526
45465CB00003BB/1329